BIBLIOTHÈQUE

DE L'ENFANCE,

Contenant: Anecdotes, Fables, Fabliaux, His-
toriettes, Contes Moraux, Petit Théâtre,
Nouvelles, etc.

Pour l'instruction et l'amusement de la jeunesse.

Par M. DUCRAY-DUMINIL.

CONTES DES FÉES.

Joliette et Gentillet.

CONTES

DES FÉES.

Par M. DUCRAY-DUMINIL.

TOME TROISIÈME.

MENARD ET DESENNE, FILS,

1819.

Les trois Démons.

CONTES DES FÉES.

LES TROIS DÉMONS.

Bon soir, la mère Guillaume !

LA MÈRE GUILLAUME.

Attendez. Qui est-ce qui me dit bon soir ? Il commence à faire si nuit ! Ah ! c'est Toinette et Marie. Jeunes filles, que faites-vous donc, à cette heure-ci, dans ce chemin désert ?

TOINETTE.

Nous savons bien qu'il est tard.

3.   I

Aussi nous nous hâtons de retourner chez notre mère. C'est
que nous venons de faire des
bourrées dans le bois, et la nuit
nous a surprises.

LA MÈRE GUILLAUME.

Oui, je vois en effet que vous
êtes bien chargées. Une autre
fois, ne vous attardez pas comme
cela. Il y a tant de dangers pour
les jeunes filles !....

MARIE.

Quels dangers ?

LA MÈRE GUILLAUME.

Ah ! quels dangers ! Parce

que vous n'avez que quatorze et quinze ans, vous ne réfléchissez pas, vous ne savez pas que des jolies petites filles comme vous peuvent faire de mauvaises rencontres.

MARIE.

Bah, bah, des mauvaises rencontres !

LA MÈRE GUILLAUME.

Il n'y a pas de *bah, bah !* Je sais ce que je dis peut-être. Adieu. Ne vous amusez pas. Surtout gardez-vous bien de passer devant le cimetière ? Vous auriez trop peur !

TOINETTE.

Pourquoi donc ?

LA MÈRE GUILLAUME.

Oh, mon Dieu ! pourquoi donc ? Encore une fois, je sais ce que je dis. Est-ce que tous les farfadets ne sont pas, à cette heure-ci, dans le cimetière, à danser sur les tombes des morts!

MARIE, *riant.*

Ah, ah, ah ! Est-ce que vous croyez aux farfadets, vous, la mère ?

LA MÈRE GUILLAUME.

Si j'y crois ! Il y a aujourd'hui deux cents ans que trois malheureuses filles ont été enterrées dans notre cimetière, et les plus anciens du pays m'ont toujours assurée que, tous les cent ans, à pareille époque, une foule de diables sortaient de l'enfer et venaient danser sur leurs tombes. C'est ce soir que cela arrive. Ces maudits lutins sont à présent à former une contre-danse. Ils font un train et des éclats de rire, ah !......

1.

TOINETTE.

Vous les avez donc vus, la mère ?

LA MÈRE GUILLAUME.

Je m'en suis bien gardée, et j'ai pris exprès un grand détour pour retourner chez moi sans passer devant eux.

MARIE.

Si vous ne les avez pas vus, comment savez-vous donc ?.....

LA MÈRE GUILLAUME.

Ah, parce qu'on me l'a dit; parce que, depuis quatre-vingts ans que j'ai bien sonnés, on m'a

toujours bercée de cette histoire,
et que, vingt ans avant ma naissance, ma grand'mère les a vus
tout comme je vous vois. Est-ce
clair ?

TOINETTE.

Oh, mon Dieu ! je commence
à trembler. Quelle est donc cette
histoire-là ?

LA MÈRE GUILLAUME.

Voulez-vous la savoir ? Te-
nez, je vais vous reconduire chez
votre mère ; car j'ai peur qu'il ne
vous arrive un accident, comme
à ces trois pauvres filles.......

Vierge sainte ! préserve-les d'un pareil malheur ! Cheminons ensemble, et écoutez bien ce récit, qui vous fera dresser les cheveux sur la tête !..... Je vous parlais de mauvaises rencontres. Vous allez voir comme on peut en faire, et de bien épouvantables ! (*Ici la bonne mère Guillaume fait le signe de la croix et continue.*)

« Il y avait autrefois une bonne femme qui mourut veuve, laissant trois filles en bas âge. Louison, Jeanne et Pierrette seraient mortes de faim et de misère, sans les bontés de leur grand'mère, qui les prit chez elle, les éleva, les fit travailler et leur apprît à chacune un état d'aiguille. Louison, Jeanne et Pierrette étaient d'assez bonnes filles; mais leur grand'mère eut la faiblesse de les gâter tant qu'elles se moquaient de ses ordres, de ses avis, et que, sur-tout, elles n'en voulaient faire qu'à leur tête. Elles menaient à leur gré la maison de cette vieille femme plus qu'octogénaire; elles la traitaient elle-même comme un enfant, et la bonne mère-grand, tout en sentant trop tard les torts et le joug de ses petites filles , n'osait pas s'en débarrasser. Ne pouvant plus s'opposer à leurs volontés , elle se contentait de leur donner des conseils , qui rarement étaient suivis , quoique, je le répète , Louison , Jeanne et Pierrette fussent d'ailleurs d'assez bonnes filles. Pour comble de malheur la mère - grand était sourde comme un pot. Ces demoiselles pouvaient , à leur aise, se moquer d'elle en sa présence, petit plaisir qu'elles ne se gênaient pas de prendre.

Un matin, elle leur dit : Mes

petites filles, c'est demain la Saint-Michel ; c'est ma fête, comme vous savez, puisque je m'appelle Micheline. Je veux que l'on tue aujourd'hui notre cochon gras, et que, demain, nous mangions du boudin. J'ai invité nos bons voisins que vous connaissez, et nous nous divertirons !..... pour la dernière fois sans doute ; car voilà que j'ai mes quatre-vingts-trois ans accomplis, et, à cet âge-là , il n'y a plus de fêtes devant soi..... Eh bien ! qu'est-ce , mesdemoiselles ? Vous voilà tout

interdites ! L'ordre que je vous
donne vous contrarie apparemment ? L'une hoche la tête , l'autre
lève les épaules , la troisième fait
une moue... Apparemment que
vous aviez d'autres projets pour
aujourd'hui ?... Ah! je me rappelle que le fils du fermier donne
un bal ce soir. C'est un très-mau-
vais sujet que ce fils de notre fermier , qui ruine son père , qui le
fera mourir de chagrin. Monsieur donne des bals ! A qui, s'il
vous plaît? A la jeunesse la plus
corrompue du village, à des gar-

nemens comme lui : et les filles
qui vont là ne valent pas mieux
qu'eux.

Mais, ma grand'maman, ré-
pondit Louison, elles y vont la
plupart avec leurs pères et mères.
— Oui, des pères, des mères
aussi corrompus que leurs enfans, et qui leur donnent de mauvais exemples. Ah! j'espère bien
que vous n'y mettrez pas les
pieds. Écoutez donc: vous avez
l'une seize ans, l'autre dix-sept,
et Louison, tout-à-l'heure dix-
huit ans. Ce sont des âges où les
filles doivent prendre garde à

3.

leurs moindres démarches si elles
veulent trouver des établissemens
avantageux. Et puis , des bals
comme celui-là ! c'est dangereux
pour les mœurs ! Vous n'irez
pas , je vous le défends. Enten-
dez-vous que je vous le défends?

Les trois jeunes filles , sans répondre, tournent la tête en signe
de mécontentement.

La bonne Micheline , sans faire
attention à leur humeur , (car
elle serait obligée de se fâcher
tout-à-fait, et elle n'en a jamais
le courage) ajoute ces mots :
Voilà qui est bien décidé , n'est-

ce pas ? Occupe-toi plutôt ,
Louison, avec tes sœurs, à nous
préparer le cochon, à le griller,
enfin à faire ce qu'il faut pour
que nous puissions en manger
demain. Pour moi, je ne me
sens pas bien; je me coucherai
de bonne heure.

Les trois sœurs se retirent
en murmurant, et, quand elles
ne sont plus devant leur grand'-
mère, Jeanne dit : Est-elle
assez contrariante ! nous qui,
depuis huit jours , nous faisions
une fête de ce bal ! j'avais pré-
paré mon déshabillé blanc à
fleurs bleues.

PIERRETTE.

Moi, mon déshabillé rouge.

LOUISON.

Et moi, mon beau fichu brodé et mon joli bonnet à fond rose.

JEANNE.

Elle prétend que les filles qui iront à ce bal ne valent pas mieux que les garçons. Martine, cependant...

LOUISON.

Ah ! elle a un bon ami qui lui en conte. Mais Victoire !...

PIERRETTE.

On l'a surprise, l'autre jour,
avec Jean-Pierre. Pour Agathe...

JEANNE.

Agathe ! elle fait assez parler
d'elle celle-là.

LOUISON.

Mais pour trois ou quatre filles
de cette sorte, faut-il mépriser
toute la société du bal ? C'est
égal ; je n'aurai pas fait mon
tablier neuf gorge de pigeon
pour rien. Nous irons.

Les deux autres.

Nous irons. N'est-ce pas, Louison ?

2.

LOUISON.

Bien certainement. Comme notre grand'mère se couchera de bonne heure , nous prendrons la clef , et nous irons danser comme des bienheureuses , jusqu'au jour.

JEANNE.

Oh ! il faudra revenir avant que notre mère-grand soit réveillée.

LOUISON.

Cela va sans dire.

Voilà nos trois péronnelles qui s'habillent , se carrent , et qui partent aussitôt que Micheline est couchée.

On était à la fin de septembre. Micheline s'était mise au lit à six heures et demie, de manière que la nuit commençait à venir lorsque les trois sœurs quittèrent la maison. Il fallait qu'elles passassent par un petit bois d'à-peu-près cent perches de traverse : c'est là qu'elles firent la rencontre la plus épouvantable ! écoutez et frémissez !... Mais, avant, je dois reprendre mon récit de plus haut.

Lucifer, oui Lucifer, lui-même,

avait envoyé, ce jour-là, du fond des enfers, sur la terre, trois jeunes diables aussi égrillards que malins, dont la mission était de faire pécher les jeunes filles et les jeunes garçons pour les rendre, par la suite, tributaires de l'enfer. Voici ce qui avait donné lieu à cette mission.

Lucifer, tenant conseil, s'était levé et avait dit : Il me semble qu'il nous est venu peu de monde aujourd'hui : il n'est pas tombé dans nos chaudières d'huile bouillante autant de mortels

que ces jours derniers. D'où
vient cela ? les humains devien-
draient-ils plus sages, plus ver-
tueux ? si cela était, le domaine
de l'enfer serait bientôt désert.
Triple-Dent ! Main-de-Fer ! et
toi, Brûle-Tout ! je vous charge
de monter sur la terre, de vous
informer du motif de cette rareté
de damnés, et de faire tomber
dans le péché le plus que vous
pourrez de jeunes gens, afin de
nous préparer de la pâture.
Allez.

Brûle-Tout, Main-de-Fer et
Triple-Dent, étaient partis à cet

ordre. Ils avaient passé la nuit précédente à jouer mille tours sur la terre , et avant de s'en retourner dans l'enfer , ils s'étaient arrêtés dans ce même bois dont je viens de vous parler tout-à-l'heure.

Il faut avouer , dit Brûle-Tout, que nous avons bien fait des nôtres! pour ma part , parmi vingt exploits, j'ai poussé un petit garçon à manquer à sa maman , au point de lui répondre insolemment, et de battre sa bonne. En enfer !

Moi, répond Bras-de-Fer, j'ai

soufflé dans l'oreille d'une petite
fille la fureur d'égratigner sa
gouvernante et de tuer, d'un
coup de pied, son petit chat
favori, sous prétexte qu'il l'avait
mordue. En enfer !

Moi, interrompt Triple-Dent,
j'ai conseillé à un petit écolier
de répandre une bouteille d'encre
sur le fauteuil de son maître
d'école, de manière que ce
maître, en s'asseyant, puis en
se levant, a montré sa robe de
chambre blanche, toute tachée de
noir par derrière, ce qui a fait
rire la classe aux éclats, sans que

le maître sût d'abord pourquoi.
En enfer, tous les écoliers pour
avoir manqué à celui auquel ils
devaient soumission, zèle et
respect !... J'ai fait damner encore de plus grands garçons et
des jeunes filles, par des péchés
que je ne vous détaillerai pas.
En enfer !

Les trois démons s'écrièrent
en riant : Oui, enenfer.

Et nous aussi, dit Brûle-Tout;
retournons-y, nous nous en
sommes assez donnés. — Un instant, interrompit Triple-Dent?
nous avons encore à faire une

expédition des plus brillantes.
Trois filles de ce village ont l'intention de désobéir à leur mère-
grand, en allant, ce soir, à un
bal dont la société est indigne
d'elles. Il faut leur donner une
leçon si forte, si forte ! qu'elles
s'en souviennent.

Les trois démons éclatent
de rire, et forment soudain un
projet qu'ils vont mettre à exécu-
tion. Ils passent devant la boutique d'un tailleur, et, sans ou-
vrir cette boutique qui est fer-
mée, ils attirent invisiblement
à eux, par leur puissance, des

3. 5

habits qui étaient sur une planche, dans un paquet que, par parenthèse, le marchand trouva, le lendemain, rempli de foin.

Les trois démons s'habillent soudain en bourgeois élégans : bas de soie, beau linge, jolie frisure, rien ne leur manque, et les voilà métamorphosés en jeunes blondins. Ainsi déguisés, ils reviennent au petit bois et y attendent le passage des trois sœurs.

Elles ne tardent pas à paraître. Alors Triple-Dent, feignant de poursuivre en riant un de ses camarades, marche légèrement sur le pied de Louison, qui jette un cri. Il s'approche, demande timidement pardon de sa faute, l'obtient, offre un bras, et fait le joli cœur.

Main-de-Fer et Brûle-Tout accostent également Jeanne et Pierrette, qui, charmées de leur bonne mine, les prennent pour des seigneurs, et minaudent pour faire les merveilleuses.

On se parle, on chemine ; on apprend qu'on va au bal : les démons demandent la permission d'accompagner les jeunes filles,

et les jeunes filles ont l'impru-
dence d'y consentir. Bien plus !
on s'asseoit sur un gazon émaillé
de fleurs ; on cause , malgré la
nuit qui devient des plus obscures,
et nos malheureuses filles ont la
sottise de se laisser embrasser
sur les deux joues par ces faux
mirliflors ! on se lève enfin et
l'on arrive au bal.

Jeunes filles ! ne frémissez-vous
pas de tout votre corps de voir
des jeunes inprudentes comme
celles-là aller au bal avec trois
méchans suppôts de Satan ? pour
moi , j'en suis toute sens dessus

dessous !... Mais vous allez voir ce qui les attend.

Dabord, en entrant au bal , elles sont très-étonnées de voir tout le monde les regarder , chuchoter, se parler à l'oreille , les regarder encore, rire tout bas et chuchoter de nouveau. Elles croient qu'il manque quelque chose à leur toilette ; mais, se regardant ensuite entre-elles , elles courent se mettre devant une glace. Elles ont, en effet, chaque joue noire comme si elle avait été brûlée ! elles prennent leurs mouchoirs , s'efforcent eu

3.

vain de se débarbouiller, et n'en acceptent pas moins la main de leurs cavaliers pour danser.

Mais, ô grand dieu ! un des démons laisse échapper sa longue queue de diable, et l'agite si violemment qu'elle éteint toutes les lumières. Au même moment, les trois démons reprennent leurs hideuses formes, et leurs yeux font jaillir des milliers d'étincelles de toutes les couleurs. A la lueur éblouissante de ces étincelles, on peut distinguer les trois dents énormes et longues comme mon bras, qui ont fait

donner à l'un des démons le nom
de Triple-Dent. Main-de-Fer
applique, sur tout ce qu'il rencontre, sa main d'airain, large
comme un plat ; et Brûle-Tout
met le feu à la salle de bal, qui
devient un monceaux de cendres.

Tout le monde jette des cris
affreux. L'un se sauve à droite,
l'autre à gauche. Le joueur de
violon lui-même court à un cel-
lier et se noie dans une cuve de
vin. C'est un dégât épouvantable,
au milieu duquel les démons,
en jetant des éclats de rire de

furies, s'enfoncent dans la terre
et rentrent dans l'enfer !...

Quant à nos trois sœurs, dé-
solées d'être la cause d'un pareil
malheur, elles courent, courent,
jusqu'à ce qu'elles soient rentrées
dans leur maison, où encore
elles ne se croient pas en sûreté,
s'imaginant toujours être suivies
par tout l'enfer qu'elles ont sou-
levé !

Je vous laisse à penser ce que
leur a dit leur grand'mère , en
voyant , sur leurs joues, les
taches de peau brûlée que les

démons, en les embrassant, y avaient imprimées. Ce ne fut pas tout : au bout de neuf jours, ces malheureuses filles mirent, chacune, au monde douze petits diablotins, tout semblables aux trois démons, et qui se mirent à danser en rond dans le milieu de la chambre.

Louison, Jeanne et Pierrette, au comble des regrets, des remords et du désespoir, en moururent à l'instant même de douleur, et on les enterra ensemble dans notre cimetière, où l'on prétend que leurs diablotins d'en-

fans les suivirent et s'enfermèrent
avec elles dans le même tombeau.
Comme elles avaient eu la manie
de la danse, leurs enfans sortent
de terre, tous les cent ans à
pareil jour, la veille de Saint-
Michel, et devenus des farfadets,
ils dansent et rient de manière à
ce qu'on les entend, même sans
être très-près d'eux.... Voilà,
jeunes filles, un exemple des
suites d'une désobéissance, des
mauvaises rencontres qu'on peut
faire, et de ce qui arrive aux filles
qui se laisent accoster, embrasser, conduire au bal, par de

prétendus galans qu'elles ne con-
naissent point ».

Ainsi parla la mère Guillaume,
et les deux jeunes filles restèrent
interdites. Toinette lui dit : C'est
bien effrayant ce que vous venez
de nous raconter là, mère Guillaume. J'en tremble encore.

MARIE.

Et moi aussi. Oh, mon Dieu !
je ne parlerai plus à aucun étran-
ger, dans la crainte que ce soit
un diable qui prenne cette forme-
là pour me séduire ! cela prouve
bien qu'il faut toujours obéir à
nos parens, qui ont plus d'âge,

plus d'expérience que nous, et que l'on ne doit pas faire la moindre démarche sans leur permission. Mais, bonne mère Guillaume, vous nous avez parlé de farfadets ? qu'est-ce que c'est donc que ça ? s'il n'était pas si tard, je vous prierais de nous dire ce qu'on entend par un farfadet. J'en sais le nom, et voilà tout.

LA MÈRE GUILLAUME.

Nous nous sommes arrêtés tant de fois, pendant mon récit, que nous ne sommes pas encore chez vous, ni chez moi ; mais la

lune brille dans son plein; si
vous voulez , nous nous assoirons
un moment sur ce gazon, et je
vous raconterai une histoire de
farfadet.

TOINETTE.

Oh! non , non ; j'ai trop peur
de ces démons. S'il en passait !

LA MÈRE GUILLAUME.

Oh! nous n'avons pas assez
péché pour les attirer à nous.
Mais, si vous avez peur , remet-
tons cette histoire à demain , à
cinq heures du soir, sous le grand
pommier du petit pré.

3. 4

MARIE.

Oh ! oui , à demain.

LA MÈRE GUILLAUME.

Volontiers. D'ailleurs, vous n'avez plus que deux pas à faire pour gagner votre maison, que je vois d'ici ; et moi, je retourne à la mienne par ce sentier-là. Adieu. A demain.

Farfadet blanc.

FARFADET BLANC.

LE lendemain, la mère Guillaume, ayant retrouvé Toinette et Marie au rendez-vous, leur parla de cette manière.

« Vous saurez, jeunes filles, qu'il y a à-peu-près quarante ans que j'ai nourri le comte de Mérac, qui était le troisième fils du seigneur à qui appartenait alors le château de ce village. Lorsque j'eus sevré mon nourrisson, ses père et mère me permirent de rester au château, où j'occupais un petit poste aussi doux que lucratif; mais la mort m'ayant enlevé depuis ces bienfaiteurs, que des malheurs avaient ruinés, je retombai dans l'état d'indigence où je suis encore, malgré tous les efforts que j'ai faits pour m'en tirer.

Laissons cela, et ne pensons qu'au sujet qui nous rassemble.

Le curé, qui en ce moment-là desservait la paroissse, était un vieillard fort instruit. Mr de Mérac l'avait pris pour instituteur de ses trois garçons, et, tous les soirs, ce respectable ecclésiastique venait donner ses leçons au

château. Ses élèves, qui avaient
de douze à quinze ans, l'écou-
taient avec autant d'attention que
de docilité, et moi, qui étais
presque toujours là, j'écoutais
aussi tout ce qui se disait de part
et d'autre.

Comme le bon curé avait cou-
tume de terminer chacune de ses
leçons par un petit conte moral,
je me suis toujours souvenue de
celui-ci qu'il fit, un jour, aux
trois frères en ma présence. Il
m'a paru aussi curieux qu'intéres-
sant, et je crois que vous en ju-
gerez comme moi, quand vous

4.

l'aurez entendu. Le voici : figurez-
vous que c'est le curé qui parle ;
car j'ai retenu jusqu'à ses moindres expressions.

Mr Évérard , fils d'un maître
de pension qui n'avait pas eu le
bonheur de bien faire ses affaires,
s'était mis à donner en ville des
leçons de langues latine , fran-
çaise, de poésie ; etc. , etc. , et il
y gagnait assez d'argent. Il se
maria et devint bientôt veuf,
avec un fils unique auquel il
donna toute l'éducation que son
instruction et ses moyens purent
lui permettre ; il possédait une

petite maisonnette dans ce village, où il s'était retiré pour se livrer uniquement aux soins que son fils exigeait de lui.

Le jeune Éverard avait seize ans lorsque son père tomba malade, et, sentant approcher sa fin, lui tint ce discours : Mon fils! tu vas me perdre, et ce qui m'affecte le plus dans cette douloureuse séparation, c'est que je vais te laisser sans bien, sans ressource, sans parens, ni amis sur la terre. Depuis quelques mois, tu m'as vu changer à vue d'œil; c'est le chagrin qui m'a

miné, mon cher fils ! et qui me
plonge aujourd'hui dans le tombeau. Apprends-en la cause. Un
perfide ami, à qui j'avais confié
tout mon avoir, et qui m'avait
servi une rente, pendant quelques
années, a fait banqueroute et m'a
tout emporté. Il ne m'est plus
rien resté que cette maison et
des dettes. L'une te servira à
payer les autres ; ainsi tu vois
que tu resteras au monde aussi
nu, pour ainsi dire, que tu y
es entré. Plains ton malheureux
père, sans l'accuser de ton sort,
et exécute de point en po int ses

dernières volontés?... Le voisin
Pierre m'a offert six mille francs
de ma maison, toute meublée,
comme elle est. Quand je ne
serai plus, tu la lui vendras pour
ce prix, qui est justement le
montant des sommes que je dois,
et dont voici la note exacte.
C'est le boulanger, c'est le bou-
cher, le marchand de bois, l'épi-
cier, le tapissier, ainsi de suite.
C'est deux mille écus que je leur
dois et que tu leur donneras.
Après cela, mon pauvre enfant,
tu feras.... Tu feras ce que tu

pourras pour vivre. Tu as des
talens, tu feras comme j'ai fait
au commencement, tu en tireras
tout le parti possible.... A pro-
pos, j'oubliais !... Je ne t'avais
jamais fait cette confidence, dans
la crainte d'éveiller ton orgueil,
ta paresse ou ton ambition ; mais
tu as un protecteur secret. Lors
de ta naissance, un esprit aérien,
un farfadet apparut à ta mère,
et lui promit de ne jamais t'abandonner. C'était, dit-elle, comme
une espèce de fantôme blanc. Je
n'y ai jamais crù. Cependant, si

cela était, tu ferais bien de profiter de ses secours, Adieu. Je meurs et te bénis.

Il expira. Le jeune Évérard, après avoir donné de justes regrets à une pareille perte, exécuta les ordres que ce bon père lui avait donnés. Il vendit tout, paya tout, et resta sans le sou, avec les seules hardes qu'il avait sur lui.

Il était beau, bien fait, adroit à tout, instruit; il ne lui manquait qu'une occasion de se faire connaître.

La veille du jour où il devait

quitter pour jamais la maison paternelle, en livrer les clefs au voisin Pierre qui l'avait acquise, il se prosterna à genoux au pied du lit qui avait vu mourir son père, et il se mit à pleurer à chaudes larmes. Que vais-je devenir? s'écria-t-il; sans fortune, sans parens, sans amis, sans ressource, que vais-je devenir? si je pouvais croire à la fable de ce prétendu farfadet, dont a parlé ma mère, je l'appellerais, je.....

Il n'a pas le temps d'achever. Il entend une espèce de sifflement, qu'on ne peut bien imiter qu'en

prononçant très-vîte et tout bas,
les huit syllabes suivantes : *zi zi
zi zi zi zi zi zi !* et le farfadet se
présente à ses regards en lui disant : Évérard, me voilà !

Évérard, un peu effrayé d'a-
bord, lève les yeux et voit une
espèce de petit génie tout blanc,
et tellement transparent qu'on
distingue son cœur qui bat dans
sa poitrine. Ses yeux sont bleus et
doux comme le temps. Sa cheve-
lure est blonde, et il a sur sa tête
une couronne ou un petit cercle
d'une flamme azurée qui scintille
sans cesse ; c'est, à-peu-près, la

3.   5

petite flamme bleuâtre que produit
la combustion de l'esprit-de-vin.
Il tient à sa main droite un miroir
qui réfléchit la vérité, et dans lequel le mensonge et l'erreur ne
se voient jamais que sous les
formes les plus hideuses... Voilà,
jeunes filles, ce que c'est qu'un
farfadet : cela vole plus vîte qu'un
oiseau, et cela s'introduit dans une
chambre, par la serrure, par le
plus petit trou, en faisant le bruit
d'une étoffe que l'on frotterait
contre quelque chose : *zi zi zi zi
zi zi zi zi !*

O bon farfadet ! lui dit Évé-

rard, je n'ai jamais eu plus besoin
de ton appui. — Je le savais, lui
répondit l'esprit blanc, et j'at-
tendais cette malheureuse cir-
constance pour voler à ton secours. Voyons, que veux-tu ?
— Conseille-moi. — Avant tout,
forme des vœux. — Lesquels ?
— Ceux que tu voudras ; n'y
mets point de borne : avec moi,
tu peux tout. — Tout ? — Oui,
tout. — Quoi, je puis devenir
riche ? — Plus que cela. — Titré ?
— Plus que cela. — Puissant ? —
Plus que cela. — Tu m'étonnes.
— Réfléchis et parle.

Évérard ne peut surmonter sa surprise. Comment, ajoute-t-il, si j'osais, par exemple, désirer la main de la fille d'un roi ?... — Tu l'épouseras. — O ciel ! — Oui, mais à des conditions. La première est que tu ne feras rien sans me consulter. — Je le dois. — Tu suivras mes avis, quelque rigoureux qu'ils te paraissent. — Je le promets. — Songe bien que, quoique je sois sans cesse avec toi, je ne serai pas toujours visible à tes regards ; que j'y paraîtrai aussitôt que tu auras dit *Farfadet blanc, viens à moi;* et

que si tu oublies de m'appeller ,
dans des cas difficiles, je puis
t'abandonner et te laisser tomber
dans un abîme de maux. — J'y
consens. — Adieu. En sortant
de cette maison, demain , prends
le premier sentier à gauche ,
qui te mènera à la grande route.

Le farfadet disparaît aussitôt,
en faisant *zi zi zi zi zi zi zi zi !*

Évérard se dit : Pourquoi
m'ordonne-t-il de prendre un
sentier qui ne conduit qu'à une
route isolée ? on m'a dit que le
propriétaire du château qui est
à une lieue d'ici sur la droite a

5.

besoin d'un instituteur pour son
fils ; mon intention était de m'y
présenter : c'est un riche financier ; j'aurais eu peut-être chez
lui une belle place. Au lieu que,
sur la grande route ! où me ménera-t-elle ? je n'ai ni argent, ni
bijoux.

Évérard passe une nuit agitée.
Il donne ses clefs, sort de la
maison, et, au mépris du premier avis que lui a donné farfadet blanc, il va droit au château
du financier. Il est près d'y entrer lorsqu'une troupe d'archers
passe à ses côtés. Le chef de ces

FARFADET BLANC. 55

sbirres lui dit : N'est-ce pas là
le château du financier Dorival ?

Évérard répond : On nomme
ainsi le maître de cette propriété.
— Étes-vous de ce château ? demande le sbirre. — Non, monsieur. — Tant mieux pour vous;
car ce Dorival est une sangsue
publique. Il s'est gorgé des trésors de l'état ; nous venons
l'arrêter, ainsi que tous ceux que
nous trouverons chez lui ; re-
tirez-vous.

C'est de grand cœur, se dit tout
bas Évérard. Il allait m'arriver là
un bien grand malheur, et j'au-

rais été justement puni d'avoir;
pour la première fois, désobéï
à mon cher farfadet. Regagnons
vîte le sentier qu'il m'a enseigné.

Évérard s'y rend, et, lorsqu'il
est sur le point d'entrer dans la
grande route, il aperçoit par
terre un petit coffre brisé. Il le
ramasse, l'ouvre, le trouve plein
de pièces d'or et de bijoux. C'est
sans doute, dit-il, un voyageur
qui a fait cette perte. O mon farfadet! je te remercie; voilà pour
moi de quoi faire une longue
route, et gagner du temps pour
trouver une place!

Évérard emporte cette riche trouvaille et voyage, dans l'intention de se rendre dans une grande ville où il puisse utiliser ses talens.

Le troisième jour, il traverse un bourg et voit, à la porte d'une belle auberge, une voiture magnifique, avec des laquais à livrée. Il s'approche, il regarde et voit qu'on a affiché à la porte de l'auberge : *Le comte Valère, ambassadeur, a perdu des diamans, deux portraits de femme, et quatre cents pièces d'or. Il abandonne les pièces d'or à celui qui*

*lui rapportera seulement les por-
traits.*

Évérard voit qu'on réclame
justement le trésor qu'il a trouvé.
Grand combat entre sa conscience et sa pénurie. Sa conscience l'emporte. Je remettrai,
se dit-il, et l'argent et les diamans, tout! je n'ai pas plus de
motif pour garder l'un que les
autres.

Évérard entend soudain à son
oreille *zi zi zi zi zi zi zi zi,* ce qui
l'avertit que son farfadet est là, et
qu'il est content de sa résolution.

Évérard entre dans l'auberge,

demande le comte Valère, et lui remet tout ce qu'il a trouvé. Le comte, enchanté de son procédé, le questionne, et, apprenant qu'il est sans moyens d'existence, il le fait parler, écrire, compter. Le comte, lui trouvant tous les talens nécessaires, lui dit alors : Jeune homme, mon secrétaire d'ambassade vient de mourir ; je vous prends en cette qualité. Dès ce moment vous le remplacerez, et je veux faire de vous mon ami.

Le comte lui donna une somme considérable et le fit voyager avec lui, dans sa voiture.

Le comte était un homme
froid, taciturne, qui ne disait
jamais que le quart de sa façon
de penser, en sorte qu'Évérard
ignorait où il allait. Un jour cependant le comte lui dit : Il faut
que je t'apprenne, Évérard, ce
que tu as à faire près de moi. J'ai
la qualité d'ambassadeur, mais
je ne le suis pas encore, quoiqu
ce soit le plus cher de mes vœux.
Mon ennemi mortel, celui que
je hais le plus au monde, le
baron d'Orilas, a ce beau grade
d'ambassadeur auprès du roi de
Visapour, en Asie, chez qui
nous allons. Il faudra que tu

m'aides à le noircir aux yeux de
ma cour, si bien qu'on lui fasse
trancher la tête et que je prenne
sa place.

Que devient Évérard à une
pareille proposition ! il veut faire
quelques observations, le comte
Valère lui répond : En voilà
assez ; je n'aime pas qu'on s'op-
pose à mes projets. S'ils réussis-
sent et que je sois content de ton
aide, je te donne, à mon retour
en Europe, la main de ma fille
Isabelle, dont tu m'as rendu le
portrait, ainsi que celui de sa
mère. Tiens, le voilà, ce por-

trait si ressemblant de ma fille;
a-t-on plus de charmes qu'elle en
possède !

Cette proposition fait son effet
sur l'esprit du jeune Évérard ; il
promet tout.

Après un très-long voyage , on
arrive à Visapour , et le comte à
une audience du roi, devant lequel il se présente avec son secrétaire Évérard. le comte s'annonce comme venant remplacer
le baron d'Orilas , dont il dit
mille sottises au roi. Le roi ,
d'abord étonné, finit par croire
le comte , et ordonne que le

baron quitte sa cour dans la même journée.

Le malheureux baron apprend sa disgrâce en même-temps que l'arrivée de son ennemi. Présumant avec raison que le comte agit par vindication, sans ordres bien directs de sa cour ; qu'il n'est venu en un mot que pour l'espionner, pour lui nuire et le culbuter, le baron fait demander au roi et en obtient une entrevue, dans laquelle il l'assure qu'il se justifiera pleinement.

Sur ces entrefaites, Évérard, se trouvant un moment seul,

réfléchit sur le mystère d'iniquité dans lequel on le force de prendre un rôle. Il trouve odieux avec raison de calomnier un honnête homme, et, ne sachant quel parti prendre dans une position aussi délicate, il appelle : *Farfadet blanc ! farfadet blanc ! viens à moi.*

Zi zi zi zi zi zi zi zi, farfadet blanc paraît : Que veux tu, Évérard ? — Tu le sais, puisque tu ne me quittes pas. — Eh bien ! que vas-tu faire ? — Je crois.... Je pense que mon devoir est d'obéir en tout à mon maître, à mon bienfaiteur. — Même pour servir ses mauvaises actions ? — Qu'en penses-tu? voyons, conseille-moi? — Il faut que tu ailles trouver le roi, et que tu lui dise la vérité. — Qui ! moi, dénoncer mon protecteur ! — On est méchant soi-même en servant les projets des méchans. — Que deviendrai-je ensuite ? — Adieu. — Chassé par le comte, je.... — Adieu, te dis-je. — Mais.......

Zi zi zi zi zi zi zi zi, farfadet disparaît.

Évérard réfléchit sur le louable, mais imprudent conseil qu'on vient de lui donner. En éclairant le roi, il va se faire un ennemi mortel du comte; et que fera Évérard, s'il reste sans protecteur, sans place, dans une contrée d'Asie où il ne connait personne ?... Son farfadet le veut cependant; Évérard lui obéira.

Il se rend à l'instant chez le roi. Sire, lui dit-il, le comte Valère est un imposteur, le baron d'Orival est un honnête homme, et voilà les preuves des calomnies qu'a débitées contre lui un homme que le hasard m'avait donné pour maître, et

dont je rougis d'avoir été le secrétaire. Si vous en doutez ,
gardez-les l'un et l'autre en
prison jusqu'à ce que vous ayez
reçu d'Europe et de leur cour
des renseignemens qui achèvent
de vous éclairer.

Le roi de Visapour était fait
pour entendre et pour apprécier
la vérité. Tu es, dit-il à Évérard,
le plus honnête homme que je
connaisse ; et, comme j'ai fait
décapiter ce matin mon premier
ministre, qui abusait de ma confiance, je te nomme sur-le-champ
à ce poste élevé, persuadé que

mon peuple ne peut être que très-
heureux avec un homme aussi
loyal, aussi franc que tu l'es.

Évérard entendit soudain un
zi zi zi zi zi zi zi zi qui lui per-
suada que son farfadet était
content de la manière dont cette
affaire venait de tourner.

Voilà donc le méchant comte
Valère en prison, le baron
d'Orival conservé dans ses fonc-
tions, par la juste confiance du
roi, et Évérard premier ministre.
Malheureusement les trésors du
roi avaient été obérés par des
guerres injustes qu'il avait soute-

nues, en sorte que la place de premier ministre n'était pas très-lucrative. Cependant Évérard pouvait mettre des impôts, ou demander des taxes extraordinaires. Il en eut envie d'abord ; mais farfadet blanc lui conseilla de n'en rien faire. Bien au contraire ; car des fournisseurs ayant proposé à Évérard des sommes exorbitantes s'il voulait leur permettre d'augmenter le prix des denrées, il prit leurs placets, leurs propositions écrites, et fut porter le tout au roi, qui fit pendre sur-le-champ deux des plus effrontés de ces exacteurs.

Le roi avait une fille de la plus
grande beauté, et qu'on nommait
Scheraaze. Cette belle princesse
ne put voir indifféremment notre
Évérard, qui, à vingt ans, était
le cavalier le plus accompli du
monde. Évérard, de son côté,
s'apercevant du plaisir que la
princesse éprouvait à le voir,
présuma que, possédant déjà son
cœur, il lui serait facile d'obten
sa main. Il se rappella d'ailleur
la prédiction que lui avait fait
farfadet blanc, et, persuadé qu
la princesse était justement cet

fille de roi qu'il devait épouser ,
il osa déclarer son amour à
Scheraaze, qui l'encouragea à la
demander à son père ; mais
Scheraaze était promise à Brandifur, fils d'un roi voisin , et
Brandifur , qui l'adorait , n'était
pas homme à se laisser enlever
ainsi sa prétendue.

Brandifur , ayant découvert
les projets de Scheraaze et
d'Évérard , se présenta , un
jour, chez ce dernier. Je ne suis
pas , lui dit-il , un rival comme
tout autre. Je ne propose point
de duel , de combat singulier ,

et je ne remets point au sort des
armes à décider lequel d'un fils
de roi ou d'un aventurier comme
toi doit posséder la belle Schéraaze. Je ne punirai ni elle, ni
toi ; mais si son père me le
refuse, je fais tomber sur son
royaume une nuée de soldats ; j'y
mets tout à feu à sang, et je fais
passer tous ses sujets au fil de
l'épée. Voilà ce que tu peux lui
annoncer en lui demandant la
main de sa fille. Qu'il te la donne
aujourd'hui, demain il sera dé-
trôné. Adieu ?

Évérard était trop humain pour

sacrifier à son ambition le sort
d'un peuple entier. Il alla trouver
le roi, lui parla en faveur de son
rival, et le supplia de donner
promptement sa fille au prince
Brandifur. Tu m'étonnes, lui
dit le roi, sujet rare et fidèle !
je t'admire et je veux faire,
malgré toi, ton bonheur. Ma
fille vient dé me déclarer qu'elle
t'aimait, qu'elle n'aurait jamais
d'autre époux que toi, et tu
viens me la demander pour un
autre ! tu n'aimes donc pas
Schéraaze ? — Sire, je l'adore :
mais le prince Brandifur, s'il

3.   7

ne l'obtient pour épouse, menace
d'embraser vos états. J'aime vous
et votre peuple encore plus que
la princesse, et je dois la céder
à un rival furieux. — On peut
rabaisser son orgueil, calmer sa
furie, et offrir à ton extrême
délicatesse la récompense qu'elle
mérite. Je te donne Schéraaze.
— Oh, sire ! daignez penser aux
suites funestes.... — Je ne les
crains pas. — Cependant... —
Dans huit jours la cérémonie
nuptiale. — Mais... — Je n'aime
pas qu'on refuse mes présens.
Adieu !

Le beau-père paraissait aussi irrité que le prétendu gendre , et notre Évérard était désespéré de voir que sa sage conduite avait produit l'effet contraire à celui qu'il en attendait. Allons , se dit-il , j'ai cru un moment que Schéraaze n'était pas la fille de roi qui m'était destinée ; mais c'est elle , à présent ; oh ! c'est bien elle. Pour m'en assurer , appelons mon cher farfadet : Farfadet blanc ! Farfadet blanc ! viens à moi.

Le farfadet ne répond et ne paraît point, ce qui étonne sin-

gulièrement Évérard. Il l'appelle
encore plusieurs fois ; même
silence. Il m'abandonne, s'écrie
Évérard ; il me laisse dans le
plus grand embarras. Au surplus
j'ai commencé à faire mon devoir ; je continuerai, je refuserai
toujours la main de la princesse.
Dût son père m'accabler de toute
sa colère, j'arrêterai l'irruption
des fléaux qui menacent ce peuple,
dont les intérêts , si précieux
pour moi, me sont confiés.

Cependant, malgré les refus
obstinés d'Évérard , le roi n'en
poursuit pas moins ses préparatifs

d'hymen. Brandifur en devient furieux. Il arme à la hâte plus de cent mille soldats et fond sur le royaume de Visapour comme l'aigle sur sa proie ; dès la première journée, il s'empare du palais, du roi, de sa fille, et de ses principaux chefs. Schéraaze, au désespoir de perdre son cher Évérard, se poignarde et meurt aux pieds de Brandifur.

Pour cette fois, se dit Évérard en sanglotant, il n'est que trop sûr que ce n'est pas elle que j'épouserai.

Il court se jeter aux genoux

7.

du vainqueur, pour lui demander
la grâce du peuple, qui ne doït
pas être victime des torts de son
roi. Je te l'accorde, lui répond
Brandifur. Jeune homme, aussi
estimable que généreux , je
connais ta conduite dans cette
affaire. Je te fais mon prisonnier ;
mais c'est pour te conduire dans
les états de mon père et te faire
épouser ma sœur, qui est pour
le moins aussi belle que Schéraaze. Ainsi, tu deviendras mon
frère , et tu seras vice-roi de
l'empire de Visapour, qui est à
nous aujourd'hui par droit de

conquête. De cette manière, les habitans de cet empire s'imagineront ne point changer de gouvernement. Tu étais plus leur roi que ce vieil entêté que je viens de détrôner; ils chérissaient tes lois, ils les suivent toujours, et ma sœur, ainsi que toi, assis sur ce trône embelli par vos vertus, vous ferez régner ensemble la justice, l'humanité et l'hymen et l'amour. Venez, mon cher frère !

Brandifur, après avoir mis tout en ordre Visapour, emmena Évérard à la cour de son

père , qui , à sa prière , lui donna
sa fille ; princesse plus belle et
sur - tout plus spirituelle que
Schéraaze. Évérard et sa femme
revinrent régner sur Visapour ,
et Farfadet blanc , se présentant
alors à notre jeune homme , lui
dit : Eh bien ! Évérard , es-tu
content ? — Si je le suis ! mais
j'ai craint que tu ne m'eusses
abandonné ? — Je voulais voir
comment tu te comporterais seul.
Je me trompe ; car je conduisais
invisiblement toutes tes actions.
Elles ont été droites , franches ,
loyales, et tu en as la récompense.

— Oh , quelle reconnaissance je
te dois ! — Tu n'en dois qu'à toi ;
car je suis une partie de toi-même;
oui , je suis une partie inhérente
à ta personne , et si le ciel a bien
voulu me rendre un moment
visible à tes regards , il est
arrivé le terme qu'il a mis à cette
faveur. Je vais rentrer en toi et
n'en plus sortir. — Tu m'étonnes,
Farfadet! explique-toi, que dis-tu?
qui es-tu ? — Je ne suis, Évérard,
ni un esprit aérien , ni un génie,
ni un farfadet. Je ne suis tout
simplement que ta CONSCIENCE !
oui , ta Conscience , dont tu as

écouté la voix, dont tu as suivi les avis. Je vais me rétablir dans ton sein, où tu pourras toujours me consulter, chaque fois que tu voudras te régler dans le grand art de gouverner.

Évérard ouvrait la bouche pour témoigner sa surprise; le prétendu farfadet sauta sur ses lèvres et pénétra jusque dans son cœur, en faisant, pour la dernière fois : *zi zi zi zi zi zi zi zi !...* Évérard sentit soudain, au calme parfait qui s'établit en lui, que c'était bien *sa conscience* qu'un pouvoir surnaturel lui avait

rendue•trois fois visible , et dont
les sages conseils l'avaient porté
à ce degré d'élévation ; ce qui
prouve bien , jeunessse incon-
sidérée , qu'il faut suivre en tout
ce guide céleste que Dieu a placé
dans le cœur de l'homme, et qui
ne peut jamais l'égarer.

GRIPPE-SAUCISSE.

Ah , qu'il est bête , Grippe-Sau-cisse ! Ah , qu'il est bête !

C'est ce qu'entendait continuellement dire , derrière son
dos , un petit garçon de treize
ans , que ses mauvais penchans
avaient fait surnommer Grippe-
Saucisse ; car il était plus malin
que bête , et souvent il faisait
l'imbécille pour mieux cacher ses
sottises : sa bonne mère , qu'on
appelait Marianne , l'aimait ten-
drement , et ne se doutait pas de

toute la perversité de son cœur.
Elle savait bien qu'il était sot,
ignorant, gauche, mal-adroit en
tout; mais elle ne le croyait que
cela, et pas du tout méchant.

Elle lui dit, un matin : N'est-
il pas honteux pour un garçon de
treize ans., qui grandit à vue
d'œil, comme tu le fais, de
s'exposer à tout moment à être
appellé *béte ! béte !* Je n'entends
que dire par-tout : *Ah, qu'il est
béte !* C'est bien humiliant pour
une mère ! Eh puis, ce nom de
Grippe - Saucisse, que je t'ai
donné moi-même, un jour que

3. 8

tu fis une certaine fredaine, et sans me douter qu'il deviendrait ton seul nom, attendu que tout le monde te l'a consacré pour se moquer de toi ; ne rougis-tu pas de porter un pareil sobriquet ?

L'enfant lui répondit niaisement et en feignant de pleurer : Dame ! ce n'est pas ma faute ! Pourquoi me l'avez-vous donné, ce vilain nom-là, que chacun s'est plu à me conserver? Si je suis bête, comme ils le disent tous, ce n'est pas encore ma faute, là !

Eh mais ! si, c'est ta faute, reprit Marianne. Tu ne fais atten-

tion à rien ; tu agis comme un
imbécille, sans réflexion, et,
tous les jours, ce sont de nouvelles gaucheries qu'on a à te re-
procher. Si tu entres quelque part,
tu marches sur le petit chien, ou
tu écrases la queue du chat. Tu
touches à tout; tu prends tout dans
tes mains de coton, et tu brises tout.
L'autre jour, tu accroches avec
ton pied la petite table sur laquelle je déjeûnais : elle tombe,
paff! tout est brisé. Hier, je te
mène chez madame la comtesse,
dont j'ai été dix ans la femme de
chambre. Tu veux lui donner la

bouteille à l'encre qui est sur un
meuble ; tu la laisses tomber, elle
se casse, et voilà son beau par-
quet tout taché ! Tout-à-l'heure
encore, tu t'obstines à prendre
de mes mains notre cruche d'huile
à brûler pour la serrer, et tu la
renverses dans le pot au feu que
j'écumais sur le fourneau. Quand
je te dis que tu ne fais rien comme
un autre ! Ah : si la dame qui t'a
servi de marraine, et que je n'ai
vue que cette fois-là où elle s'est
offerte à me rendre ce service, si,
dis-je, cette dame si bonne venait
ici par hasard, elle serait bien

étonnée de trouver un filleul aussi niais, aussi sot et aussi maladroit! Mais, je regarde par la fenêtre... Eh, mon Dieu! je crois que c'est elle que je vois passer. Que je courre donc après elle! Depuis treize ans que je ne l'ai vue, ses traits sont restés gravés dans ma mémoire...toute petite... un grand mantelet... un bonnet de dentelle à barbes, à papillons, avec un grand bec et un diamant; c'est elle! Attends-moi là un instant.

Marianne sort dans la rue, rejoint la dame, et lui dit : N'est-ce pas vous, madame, qui eûtes la

8.

bonté de me tenir un petit garçon il y a treize ans ? — C'est moi-même, répondit la dame. Je venais faire une visite dans la maison où vous étiez en couche, et votre marraine vous ayant manqué par une maladie, je m'offris pour la remplacer. Je sais tout ce qui vous est arrivé depuis, ainsi qu'à votre fils. Vous êtes devenue veuve ; une comtesse, que vous avez servie, vous a fait des rentes. Mon filleul s'appelle Grippe-Saucisse, et c'est le plus mauvais petit sujet du quartier. — Je le crains, madame. Mais

comment savez-vous tout cela ?
vous êtes donc restée ma voisine,
sans que je le sache ? — Au contraire , ma bonne Marianne , ma
destinée est de voyager ; mais je
ne me fatigue pas pour cela ; car
j'ai à ma disposition toutes les voi-
tures , tant terrestes qu'aériennes.
Je dispose des élémens ; je fais
la pluie et le beau temps : en un
mot , je suis la fée Bambine , et
la plus petite de toutes les fées ,
comme vous voyez ; car j'ai
tout au plus trois pieds de haut.
J'ai le domaine des petits enfans ; c'est-à-dire que j'ai le pou-

voir de les corriger, de les ré-
compenser , d'en faire, en un
mot ce qu'il me plaît. Je viens
de chez le maître d'école du bas
de votre rue , où j'ai donné un
pied de nez à cinq ou six petits
polissons qui ne voulaient pas
lui obéir. Ils garderont huit jours
leur nez ainsi alongé , et j'espère
que cette pénitence leur suffira.

Marianne écoute la fée Bambine avec autant de respect que
d'étonnement ; car elle ne se
doutait pas qu'elle eût l'honneur
d'avoir une fée pour commère.
Celle-ci ajoute : Comme je peux

tout, je sais tout ; ainsi je puis vous dire que votre fils est plus méchant que bête ; qu'il est haï, méprisé, dans le quartier, où il fait tous les jours, de nouvelles sottises. Une fois, il passe rapidement devant la boutique d'un grénetier et prend dans les mannes qui font étalage au dehors, une poignée de riz, de pois, de fèves : une autre fois il court à dessein de se précipiter dans l'éventaire d'une marchande de cerises ou de pommes, et, quand il a renversé ses marchandises, il s'empresse, en lui

demandant pardon , de l'aider à
les ramasser ; mais il a soin d'en
remplir ses poches. Il se cache
souvent à l'entrée de l'allée de la
maison où vous demeurez. Vous
savez qu'il y a , au coin à droite
un charcutier , à l'autre coin , un
pâtissier. Quand l'un de ces
marchands a la tête tournée , ou
quitte son comptoir , votre petit
drôle s'empare , sur leur étalage,
soit d'un gâteau , soit d'une
saucisse , enfin de ce qu'il trouve.
Il fait cent autres tours qui ne
sont pas moins répréhensibles.
Si une bonne femme porte , le

matin, son lait dans un pot, il
crache dedans et se sauve en
riant. Il souffle les chandelles de
celles qui vont le soir, les allumer
chez leurs voisines. Il donne des
croche-pieds aux vieilles femmes
chargées de hottes bien lourdes
et les fait tomber par terre. Il
marche dans les ruisseaux exprès
pour éclabousser les messieurs
qui ont des bas de soie blancs ;
il jette de la boue dans les robes
des dames ; il cherche dispute à
tous les petits enfans qu'il rencontre seuls ; il les bat, ou bien
il brise ce que leurs parens leur

envoyaient chercher ; et toujours
ses jambes lui servent à éviter
les punitions que lui méritent
toutes ces mauvaises actions.
Oh ! c'est le premier coureur de
Paris. Ainsi , j'avais bien raison,
je crois, de vous dire que votre
fils est le plus mauvais sujet du
quartier.

Marianne reste pétrifiée ; elle
répond : On m'en a fait souvent
des reproches, madame ; mais
je ne croyais pas qu'il fût vicieux
à ce point ! Qu'il fasse quelques
espiégleries d'enfance, c'est déjà
beaucoup sans doute ; pour voler,

c'est autre chose , et je ne le souffrirai pas. Aidez-moi ; je vous prie, madame , à le corriger ; je vous en garderai une éternelle reconnaissance.

Cela n'est pas difficile, répliqua la fée Bambine, et il s'en offre justement une occasion. Observez seulement ce que je vais vous dire. Il n'est que neuf heures ; nous avons le temps de faire l'épreuve que je médite. Remontez chez vous. Dites à votre fils que vous avez en effet rencontré sa marraine , sans lui faire connaître qui je suis. Vous

3. 9

ajouterez que c'est une dame
de province qui a des emplettes
à faire dans la capitale; qu'elle
vous a priée de l'accompagner
chez divers marchands. Per-
suadez-lui bien sur-tout que je
vous garderai à dîner et que vous
ne rentrerez que ce soir. Vous
sortirez sur-le-champ. Après
votre départ, il sortira à son
tour. Nous rentrerons alors, et
je vous rendrai invisible, ainsi
que moi, dans votre chambre,
où nous assisterons au plus plai-
sant dîner que vous ayez jamais
vu.

Marianne fit de point en point
ce que la fée venait de lui pres-
crire, et elle quitta son fils en
lui disant : Ainsi, à ce soir, mon
garçon. Tu feras chauffer un peu
de soupe d'hier qui est là, et tu
mangeras le reste des haricots.
Dîne bien, quoique seul, et
sur-tout ne sors pas; je t'ordonne
de garder notre chambre toute
la journée; on parle tant de
voleurs !

L'enfant promit; mais il ne
tint pas parole. A peine sa
mère fut-elle partie qu'il sortit
et alla trouver deux petits vau-

riens comme lui, avec lesquels
il faisait secrètement ses. fredaines. Briffaut, dit-il, et toi,
Roustan, je vous invite tous les
deux à dîner chez moi, aujourd'hui. Pour la première fois
de ma vie, ma mère me laisse
le champ libre; nous en pro-
fiterons pour bien rire, bien
manger et bien jouer.

Briffaut, Roustan et lui vont
d'abord se promener; puis à
deux heures, Grippe-Saucisse
les ramène à la chambre, où il
s'empresse de mettre le couvert.
Briffaut lui dit : Qu'est-ce que tu

nous donneras à dîner?---D'abord, cette soupe qui chauffe, et ce plat, de haricots. Il faudra les manger, pour que ma mère croie que j'ai dîné tout seul ; mais nous avons bien autre chose avec cela. Voila une belle guirlande de cervelas que j'ai su décrocher, hier soir, à la porte d'un charcutier ; puis un pâté de veau, que j'ai *chippé* aussi au pâtissier, notre voisin. Pour du vin, j'en ai là deux bouteilles que j'ai dérobées à ma mère, et, nous ferons bombance, vous verrez. — J'ai, réplique Brif-

9.

faut, des pommes que j'ai prises à la fruitière. Moi, ajoute Roustan, mes poches sont pleines de poires et de noix. — (*Tous les trois*) Oh, quelle joie ! quelle fête ! quel bon repas !

Nos trois petits drôles se mettent à table ; mais, à peine ont-ils avalé leur soupe, qu'il leur pousse, à chacun, au bas du menton, une grosse sonnette qui fait un bruit du diable chaque fois qu'ils veulent manger. Ils s'écrient : O mon dieu ! qu'est-ce que cela ?

Et les trois sonnettes redou-

blent leur tapage. Ils se re-
gardent, ils se lèvent ; ils veulent
arracher cet airain perfide. Cela
leur est impossible ; c'est l'os
même de leur menton qui s'est
alongé et qui s'est changé en
sonnette. Ils s'assoient... Mais,
nouveau prodige, leurs bras
restent collés le long de leurs
hanches, sans qu'il leur soit possible de les remuer, et leurs
bouches, quoique sans manger,
font continuellement le remue-
ment d'une personne qui mâche,
ce qui redouble le bruit de leurs
sonnettes. Ce bruit devient si

fort que tout le monde s'arrête dans la rue : on monte dans l'escalier pour savoir d'où part ce singulier carillon.

Les deux voisins des coins de l'allée , le charcutier et le pâtissier , montent, entrent dans la chambre. L'un reconnaît ses cervelas , l'autre son pâté , et, sans avoir égard aux prières des trois sonneurs , ils vous les soufflettent , ils vous les tapent à qui mieux mieux.

La fée et Marianne , qui étaient témoins invisibles de cette fête, paraissent alors. La fée donne de l'argent aux marchands en leur disant : Voilà, le prix de ce que mon filleul vous a dérobé. Maintenant, messieurs les petits filoux, c'est à moi que vous allez avoir affaire. Comme vous courez si bien, quand vous faites vos fredaines, qu'on ne vous attrape jamais, je vous donne maintenant la permission et le pouvoir de courir. Partez, et arrêtez vous quand vous pourrez.

Elle les touche de sa baguette. À l'instant, et par une puissance surnaturelle qui les y force, ils se sauvent tous trois et courent dans les rues ; mais dans quel accoutrement!... la guirlande de cervelas s'est attachée par un bout, au bas du dos de Grippe-Saucisse, et lui forme une longue queue qui traîne dans les ruisseaux ; les poires volées ainsi que les pommes se sont réunies et forment une semblable queue , qui suit Briffaut par-tout. Quant à Roustan, le pâté s'est attaché sur sa tête et lui forme une casquette d'une forme tout-à-fait nouvelle.

Ils courent, au grand plaisir des passans, qui se moquent d'eux, et ils courraient encore, si les chiens ne s'étaient attachés à la queue de Grippe-Saucisse et ne lui avaient mangé tous ses cervelas. Les petits enfans ont de même arraché les poires, les pommes de Briffaut, et le pâté de Roustan, qui s'est fendu en quatre, est tombé dans la boue.

La fée, alors, chasse ces derniers polissons; elle rend invisible Grippe-Saucisse et le ramène chez sa mère, où elle lui fait une leçon et des menaces si fortes que l'enfant jure, en fondant en larmes, qu'il est tout-à-fait corrigé.

En effet, il ne retomba plus dans les mêmes fautes, et la protection de la fée Bambine lui servit à faire un état honnête dans le monde, où il devint bon époux et tendre père de famille.

Joliette et Gentillet.

OLIETTE ET GENTILLET.

Il y avait jadis une fée et un enchanteur qui étaient si méchans, si méchans, que le conseil des fées, dont ils déshonoraient l'ordre, es avait condamnés à une détention perpétuelle dans un vieux château, bâti sur le sommet d'une montagne impraticable, et qu'habitaient, une partie de l'année, les chauves-souris, les serpens, ainsi que mille autres animaux malfaisans : ils ne pouvaient jamais sortir de ce triste séjour.

3.   10

Ils y étaient libres, cependant, et on leur avait même laissé leurs baguettes, leur pouvoir; mais pour faire le bien seulement, jamais pour le mal; c'est-à-dire, qu'ils jouissaient de toute leur puissance magique, quand ils avaient l'intention de rendre quelqu'un heureux, et qu'ils l'auraient en vain appellée à leur aide pour nuire à l'innocence.

On avait décidé néanmoins que, s'ils changeaient de caractère, s'ils parvenaient à se faire aimer d'un être sensible, ou pourrait révoquer leur arrêt;

mais jusque là , il fallait qu'ils restassent dans la retraite qu'on leur avait donnée ; et, ce qui les affligeait le plus, c'est qu'ils devaient, à une époque indiquée , être changés , l'une en chouette , l'autre en hibou , et rester ainsi trois mois de l'année dans les vastes et sombres jardins du château, Bien loin de les en plaindre, on frémirait si on connaissait les détails des nombreuses atrocités qu'ils avaient commises et qui leur avaient attiré ce sévère, mais juste châtiment. Prenons-les donc dans leur vieux château, et voyons ce qu'ils vont y faire.

L'enchanteur, nommé Furi-
mane, dit un jour à Elusine, la
fée : Ma commère, je ne sais pas
si vous êtes comme moi; mais
je m'ennuie terriblement dans
cet immense château : n'y voir
que nous et nos domestiques,
qui, excepté Bombard, nous
servent en enrageant et pour les
gages énormes que nous leur don-
nons, c'est une vie bien triste !
J'ai pensé à l'égayer, et voici ce
que j'ai projeté. Si nous élevions,
me suis-je dit, vous un garçon,
moi une petite fille, dans le
dessein de les rendre heureux
d'abord, de nous en faire aimer

et de les épouser par la suite., cela nous distrairait et pourrait même, suivant les conditions de nos implacables ennemis, faire rompre le fatal enchantement qui nous retient ici. Que pensez-vous de cette idée ?

Elle est bonne, compère, répondit Elusine, et j'y souscris de bon cœur. Je ne suis pas jolie ; mais j'ai souvent des retours de jeunesse ; et d'ailleurs, je serai si douce, si bonne avec le jeune homme, qu'il faudra bien qu'il m'aime. — C'est comme moi, ma commère ; quoique je n'aie

10.

qu'un œil et deux seules dents longues et noires, je prétends faire le galant, soupirer auprès de la demoiselle, si bien qu'elle s'attendrira en ma faveur et me donnera un jour sa belle main blanche. Nous agirons de concert, et nous suivrons bien la loi qui nous est imposée : rien par la force, tout par la douceur et la bonté. Alors nous pourrons user des ressources de notre baguette. Eh! comment la beauté, la jeunesse et l'innocence pourraient-elles résister à deux enchanteurs qui ont le pouvoir de leur procurer

les meilleurs mets, les plus riches
vêtemens, des milliers de pièces
d'or, de diamans, s'ils le dé-
sirent ? — Cela est impossible,
mon compère, cela est impossible.

Ainsi raisonnèrent nos deux
magots, et ils firent venir leur
zélé confident, l'intendant Bombard, à qui ils donnèrent l'ordre
de chercher par le monde et de
leur amener une petite fille ainsi
qu'un petit garçon à-peu-près du
même âge, et autant jolis que
cela pourra se rencontrer.

Bombard partit et n'alla pas

bien loin pour trouver ce qu'il cherchait. Une jeune paysanne tenait par la main une charmante petite fille. Est-ce à vous, lui dit-il, cette jolie enfant-là? — Oui, mon bon monsieur. — Quel âge a-t-elle? — Deux ans et demi: c'est ma dernière de cinq, qui sont tous à ma charge; car je suis veuve, mon bon monsieur, et bien pauvre! — Moi et ma femme n'avons pas d'enfant; si vous voulez me la donner, je vous offrirai cette bourse d'or, qui contient six mille francs. — Six mille francs! Oh! mon bon seigneur, il y aurait là de quoi acheter un château ! — Les voilà. — Six mille francs ! Mais verrai-je quelquefois mon enfant ? — Je vous l'amènerai. Je suis de la ville voisine. — Mais... — Si vous ne vous décidez pas à l'instant, je change d'idée et vous ne me reverrez jamais.

Bombard faisait briller l'or aux yeux de la pauvre et simple paysanne. Elle lui donne sa fille en lui disant : Oh, que la misère fait faire de vilaines choses! Adieu, mon enfant, adieu ! tu seras heureuse, va, avec ce grand seigneur et sa dame. Monsieur, monsieur, emportez-la , emportez-la tout de suite ; car je sens que je vais perdre connaissance.

Elle s'éloigna en fondant en larmes.

Bombard lui cria de loin : Son nom, s'il vous plaît? — Elle s'appelle Joliette.

Charmant nom , se dit Bombard, et que la petite justifiera bien par la suite.

Chargé de ce précieux fardeau, il entra dans une chaumière à la porte de laquelle il vit plusieurs enfans assémblés. Brave homme ,

dit-il à un paysan qui se trouva
là, je n'ai qu'une petite fille que
voilà; mais vous, vous avez beaucoup de garçons, à ce qu'il paraît?
— Ne m'en parlez pas, monsieur! c'est une calamité, quoi!
J'en ai sept déjà grands, et pour
comble de malheur, ma femme
est morte, il y a trois ans et demi, en donnant le jour à ce petit-
là; c'est encore un garçon. Oh!
si le bon Dieu pouvait m'en enlever un ou deux, j'en donnerais
bien le choix pour une épingle.

Mon ami, lui répond Bombard,
votre souhait sera accompli; je

puis me charger d'un de vos enfans, de ce petit-là, par exemple,
qui est joli comme un cœur. Je
suis veuf comme vous ; je ne veux
jamais me remarier, et je me
trouverai bien charmé de pouvoir élever un garçon, que je ma-
rierai un jour à cette charmante
petite fille : je leur laisserai mon
immense fortune. — Ma foi !
monsieur, reprit le paysan, pre-
nez celui-là, si ça vous fait plaisir, et puisque c'est pour son
bonheur ; j'en ai encore bien trop
de sept.

Bombard voulut lui offrir,

comme à la paysanne, une bourse
d'or ; mais le père de famille la
refusa. Non, monsieur, lui dit-il :
je ne suis pas à mon aise, il s'en
faut ; mais je ne vends pas mes
enfans ! O ! ciel ! je croirais être
le plus mauvais des pères ! Je puis
les donner à ceux qui veulent
bien les rendre heureux , voilà
tout. Vous allez seulement me dire
votre nom , pour que je puisse,
de temps en temps, aller voir
mon enfant , mais sans vous im-
portuner , n'ayez pas peur.

Bombard se donna un nom de
grand seigneur , se fit riche de
3.   11

plus d'un million, indiqua par
écrit une fausse adresse, et le paysan, qui ouvrait de grands yeux
à chaque énumération qu'il faisait
de sa fortune, ne se sentant pas
d'aise, s'écria : O mon bon seigneur ! que je vous remercie, et
que mon petit Gentillet va donc
être heureux !—Vous l'appellez?..
— Gentillet : c'est un sobriquet
que tout le monde lui donne ;
car son véritable nom est... —
Cela suffit. Adieu, mon brave
homme : vous me donnerez toutes
ces indications à mon château,
où je veux que vous veniez le

plutôt possible, pour voir les tendres soins que j'aurai de votre fils. Adieu.

Il se retire, portant la petite fille sur son bras gauche, et donnant la main droite au petit Gentillet, qui pleurait à chaudes larmes de quitter son père, mais qu'il espère calmer bientôt.

Bombard revient au château de l'enchanteur et de la fée, tous deux ravis des charmantes figures des enfans qu'on leur amène. Ils conviennent sur-le-champ de deux points capitaux : le premier, c'est que l'enchanteur et la fée

passeront , aux yeux des enfans ,
pour leurs parrain et marraine ,
pour des protecteurs qui ont bien
voulu leur tenir lieu des auteurs
de leurs jours qu'ils auront per-
dus. La seconde chose , c'est
qu'on fera accroire à Joliette et
à Gentillet, qu'ils sont frère et
sœur, afin que les lois sévères de
la nature puissent arrêter un jour
l'essor de l'amour qui pourrait se
manifester réciproquement entre
eux. En les tenant sous ce lien
sacré , on ne craindra pas qu'ils
s'aiment plus qu'ils ne le devront,
et la reconnaissance au contraire

les forcera à porter toutes leurs affections sur les deux bienfaiteurs auxquels ils croiront devoir tout. Ces précautions étant bien prises, nos deux châtelains élevèrent leurs deux charmans protégés.

Joliette et Gentillet, ravis trop jeunes à leurs parens pour pouvoir s'en ressouvenir, crurent qu'en effet ils étaient orphelins et adoptés par un parrain et une marraine, dont ils devaient chérir les bontés, respecter les moindres volontés. Elusine et Furimane, de leur côté, s'étudièrent de loin à leur

11.

plaire, tant par une grande in-
dulgence dans le caractère, que
par leurs traits, qu'ils cherchèrent
à rendre moins hideux. Furimane, qui avait un gros vilain
nez plein de glandes et rouge
comme une carotte, y mit du
blanc, des poudres cosmétiques;
il nettoya les deux seuls chicots
longs et noirs qu'il avait dans sa
large bouche; il mit un taffetas
noir à la place de l'œil qui lui
manquait, et il se para de vêtemens aussi riches qu'élégans.

Elusine avait raison de con-
venir qu'elle n'était pas jolie.

Bien au contraire, c'est qu'elle était laide à faire peur : petite, bossue, bancale, sa peau était rissolée comme celle d'une volaille à la broche ; elle avait ses deux yeux ; mais leur cavité et la méchanceté qui y dominait, faisaient fuir de loin, à son aspect, tous les petits enfans. Sa bouche, fendue comme celle d'un requin, laissait voir une douzaine de crocs d'un brun de pain d'épices et recouverts de deux lèvres fendues en bec de lièvre ; en un mot, c'était l'objet le plus hideux à voir. Elle chercha à déguiser tout

cela. Un talon plus haut que
l'autre lui rendit les jambes à-
peu-près égales ; un corset mé-
canique lui applatit le dos ; du
rouge et des mouches couvrirent
sa peau livide , et une grande
coîffe de satin rose , posée au
bord d'un chapeau à plumes , des-
cendit sur la moitié de ses yeux,
ce qui en dissimula une partie.
Des robes brodées d'or , d'argent
et de pierreries , varièrent sa toilette ; un grand éventail lui servit
à cacher de temps en temps sa
triste figure ; elle dissimula enfin,
du mieux qu'elle put, les irrépa-

rables outrages de la nature , qui
s'était plue à la faire aussi laide
que son âme était méchante.

Avec cela , le compère et la
commère ne se montraient jamais à leurs protégés qu'entourés
de merveilles et de prestiges.
Dans les vastes jardins de leur
vieux château, ils se promenaient
sur des nuages couleur de rose ,
ou dans des wiskis lumineux auxquels étaient attelés des grifons
d'or ou des gazelles aériennes
ailées. Dans leurs appartemens
mêmes, ils se faisaient traîner
dans des sophas brillans de dia-

mans fins , par des milliers de
papillons attelés avec des fils d'or.
Leur table , somptueuse , offrait
le vermeil et les cristaux les plus
éclatans, et leurs meubles étaient
tous enrichis de pierres précieu-
ses. Aussi , Furimane préten-
dait-il qu'avec ce luxe , qu'aucun
roi de la terre ne pouvait éga-
ler, il était peu possible qu'ils
ne se fissent pas adorer de deux
enfans simples et naïfs.

Ces deux enfans néanmoins ad-
miraient toutes ces belles chose
sans en être bien charmés; il
s'y habituaient petit à petit, e

souvent, en regardant par les fe-
nêtres de leurs appartemens, ils
enviaient le sort d'autres enfans
de leur âge qui couraient libre-
ment dans la campagne ; car il
leur était défendu de sortir ; cela
entrait encore dans le plan des
deux enchanteurs. Ils craignaient
que Joliette et Gentillet, enfans
des champs et de la nature, ne
rencontrassent quelque Colin,
quelque Colinette, qui leur pa-
russent plus aimables qu'Elusine
et Furimane, ce qui n'était pas
difficile à trouver. Ainsi, Joliette
et Gentillet étaient, comme leurs

bienfaiteurs, esclaves dans le plu triste de tous les vieux châteaux et les merveilles qui les entou raient les affectaient moins que le désir de contempler la nature dans sa simplicité, dégagée d tous ces vains prestiges de la ma gie. Le parc seul du château leu offrait de véritables jouissances: c'était un lieu de délices, mais pendant neuf mois de l'année. Les trois mois qu'Elusine et Furimane étaient forcés d'y passer sous la forme d'une chouette et d'un hibou, rendaient les jardins affreux, par leur aridité, par leur obscurité, et sur-tout par l'énorme quantité d'oiseaux nocturnes qui s'y rendaient en foule pour narguer les maîtres du château, réduits à leur triste condition, et quelquefois pour les battre jusqu'à les déplumer.

Pendant ces trois mois, où les maîtres étaient sensés voyager, on renfermait les enfans plus étroitement. Bombard, qui en prenait soin, leur défendait, nonseulement de mettre le pied hors de l'enceinte du château, mais encore de regarder, ni jour, ni nuit, par aucune fenêtre. Le

3.   12

château , se remplissant mêm
alors de bêtes venimeuses , telles
que serpens, couleuvres, chauves
souris , etc. , les enfans étaien
bien forcés de se tenir tapis dan
le coin le moins fréquenté pa
ces vilains animaux.

Cependant ils grandissaient e
stature , en esprit , en raison
et plus ils avançaient en âge
plus ils s'aimaient. Ce qui leu
semblait, entre frère et sœur,
autant un devoir qu'un sentiment
très-naturel. Ainsi l'amour devait
naître dans leurs jeunes cœurs
par la précaution même qu'on

avait prise pour l'en bannir. Ils avaient quatorze à quinze ans, lorsqu'il s'établit entre eux la conversation suivante.

GENTILLET.

Dis-moi, Joliette, te souviens-tu de notre père ?

JOLIETTE.

Non. Oh ! point du tout ; je ne me rappelle pas d'avoir vu jamais ni mon père ni ma mère. Et toi, Gentillet ?

GENTILLET.

Je me souviens un peu de

l'auteur de nos jours. Il était mis
en paysan , comme les jardiniers
de notre parrain.

JOLIETTE.

Ce n'était donc pas un homme
riche, puissant?

GENTILLET.

Je ne le crois pas. Ce qui m'a
fait m'en souvenir, c'est qu'en
entrant ici tout petit (j'ignore
quel âge j'avais) je crus le revoir,
et je le vois toujours en effet
dans le jardinier en chef du château. Dans les premiers momens,
j'ai souvent été tenté d'aller

l'embrasser et de l'appeler papa.

JOLIETTE.

Il est si bon, ce jardinier Mathurin !

GENTILLET.

Mathurin ! c'est le meilleur
homme ! il me retrace vraiment
notre père. C'est sa figure et sa
bonté !

JOLIETTE.

Il est meilleur que notre parrain !

GENTILLET.

Pourquoi dis-tu cela ? il est

12.

excellent pour toi. Il t'accable de
caresses et de cadeaux. Oh! il est
bien différent de notre marraine!

JOLIETTE.

C'est bien injuste cela, de ta
part! elle n'a des soins que pour
toi; elle te passe tout, te cède
tout. Au lieu que moi, elle me
traite souvent avec une dureté
elle me regarde avec des yeux!...

GENTILLET.

Il est vrai qu'ils ne sont pa
beaux, et j'aimerais qu'elle e
eût pour d'autres que pour mo
Elle aura beau mettre d

mouches, du rouge, tout ce que tu voudras, elle ne sera jamais jolie, comme toi par exemple. Ta fraîcheur, tes grâces, ton regard charmant, c'est cela qui est fait pour toucher, pour at-tendrir, pour forcer à l'admi-ration.

JOLIETTE.

Ne m'examine donc pas comme cela, Gentillet ; tu me ferais oublier que mon parrain me fait jurer, tous les jours, que je n'aimerai que lui, uniquement que lui.

GENTILLET.

C'est comme ma marraine. Quand je te regarde , elle se met en colère contre moi. Elle exige que je la contemple sans cesse, comme ces belles statues de marbre qui sont dans le parterre du château. Je t'avoue que j'aime mieux reposer ma vue sur toi que sur elle. J'y éprouve plus de plaisir. Je ne lui promettrai plus de n'aimer qu'elle.

JOLIETTE.

Dès demain , il saura que je ne puis pas me borner à n'aimer que lui.

GENTILLET.

Je n'ai de véritable amour que pour toi.

JOLIETTE.

Comme frère ?

GENTILLET.

Est-ce qu'on peut en avoir autrement ? Et toi, m'aimes-tu plus que tu n'aimes le seigneur Furimane ?

JOLIETTE.

Oh ! cent fois plus.

GENTILLET.

Comme sœur ?

JOLIETTE.

Ce lien là n'est-il pas plus fort
que celui de filleule ?

GENTILLET.

Joliette , j'ai lu des livres ici,
dans la bibliothèque où je suis
entré quelquefois à l'insçu de
Bombard , qui nous guet
comme un geolier de prison, et
j'ai lu dans ces livres qu'il y
des liens plus forts encore que
celui dont tu parles.

JOLIETTE.

Oh oui ! ceux de père , de fils
de fille , de mère ?

GENTILLET.

Non. Moi, jé parle de ceux
des amans.

JOLIETTE.

Quest-ce que cela veut dire?

GENTILLET.

Cela veut dire que, sans être
frère et sœur, sans même être
parens, on peut s'aimer comme
nous nous aimons, et plus forte-
ment, peut-être.

JOLIETTE.

Et la raison de cela?

GENTILLET.

Je n'en sais rien; mais j'ai lu

des histoires d'amans qui n'étaie
pas parens, et qui mouraient
désespoir l'un pour l'autre, à for
de s'aimer.

JOLIETTE.

Voilà une chose bien singulièr,

GENTILLET.

Si singulière que je voudr
l'essayer. Oui, je donnerais bea
coup pour que tu ne fusses pas ma
sœur, afin de voir si tu m'aime
rais autant. Dis?

JOLIETTE.

Moi, je... je pense que, si t
n'étais pas mon frère, je t'aime-

rais de même. Et toi, si l'on t'assurait demain que je ne suis pas ta sœur? Réponds.

GENTILLET.

Pourrais-je cesser de te chérir? Il faudrait donc que je cessasse d'avoir un cœur et des yeux!

JOLIETTE.

Ah! voilà ce qui se rapproche de la tendresse de ces amans, ainsi que tu les nommes. Je commence à comprendre.

GENTILLET.

Oh! moi, je comprends bien des choses; mais je ne puis les

3.   13 .

exprimer : cela est trop vague dans mon imagination. Tout ce que je sais, c'est qu'il est prouvé que des amans s'aiment beaucoup plus que des frères et sœurs.

JOLIETTE.

Eh bien! oublions ces noms si chers. Essayons de nous aimer comme des amans. Dès ce jour, je ne t'appellerai plus mon frère.

GENTILLET.

Je ne te nommerai plus ma sœur.

JOLIETTE.

Je dirai, mon amant.

GENTILLET.

Tu seras mon amante.

JOLIETTE.

C'est convenu.

GENTILLET.

Embrassons-nous, pour sceller cette nouvelle union.

JOLIETTE.

Volontiers. Tiens, voilà ma joue.

Ils s'embrassèrent et dès ce moment leur tendresse réciproque devint plus forte. Ils ne se génèrent même pas pour s'ap-

peler *mon amante, mon amant*
devant Élusine et Furimane, qu
s'en effrayèrent et s'en fachèren
d'abord ; mais , après une court
explication avec eux , les deu
enchanteurs sentirent qu'il y ava
plus d'ignorance et de naïve
dans leur conduite que d'in
tentions coupables. Ils se con
tentèrent de leur défendre de
pareilles expressions, et de le
rappeler qu'ils étaient frère e
sœur , lien sacré dont ils devaien
reprendre à l'instant les dou
titres.

Les jeunes gens se promiren

de se donner ces noms devant leurs parrain et marraine, mais, de revenir, dans leurs tête-à-tête, à leurs dénominations chéries qu'un instinct secret leur désignait comme les seules convenables à leur situation.

Il se passa ainsi deux années, pendant lesquelles nos jeunes gens acquirent la force, la raison et les grâces analogues à leurs figures et à leur jeunesse. Ce fut alors que les deux enchanteurs dressèrent leur plans pour obtenir d'eux plus que de la reconnaissance. Ce fut Furimane qui ha-

. 3

sarda le premier une déclaration d'amour à la charmante Joliette. Celle-ci, très-étonnée, lui répondit d'abord : Mon parrain, comment pouvez vous avoir de l'amour pour moi ? vous n'êtes ni mon frère, ni mon amant. — Non, répondit l'enchanteur, mais, ma chère petite, je veux être ton mari. C'est bien au-dessus de cela.

A ce mot de mari, Joliette poussa un cri d'effroi et se sauva.

Élusine, de son côté, ne fut pas plus heureuse avec Gentillet. Elle minauda, grimaça et finit par lui dire qu'elle le destinait à l'honneur d'être son époux. Oh ! ma marraine, lui répondit Gentillet presque effrayé, vous êtes ma bienfaitrice, ma mère, toute ma famille ! je vous respecterai toute ma vie comme un fils soumis ; mais je ne veux être le mari que de Joliette. — Oublies-tu qu'elle est ta sœur ? — Eh bien ! je ne serai le mari de personne ; voilà ma dernière résolution.

Il lui tourna le dos et sortit.

Elusine et Furimane, en se rendant compte mutuellement du peu de succès de leur première

démarche, résolurent d'essayer,
avant tout, la douceur, les bien
faits, et d'attendre du temps qu'il
rendît les jeunes gens sensibles
à leur amour. En conséquence,
la chambre de Joliette devint le
théâtre de la féerie la plus com-
plète ; à tout moment, des petits
amours lui apportaient des robes,
des bonnets, des bouquets, des
écrins de diamans, et tous lui
disaient en se retirant : *C'est de la
part du haut et puissant seigneur
Furimane, votre amant !*

Gentillet aimait la chasse ; les
plus beaux chevaux, les plus

belles armes lui furent prodi-
gués, et les bois se remplirent
pour lui de cerfs, de daims, de
chevreuils, de sangliers, qui,
après s'être fait chasser quelque
temps, venaient tous successive-
ment expirer à ses pieds ; des
statues de bronze ou de marbre
se métamorphosaient en chas-
seurs pour suivre à la chasse l'in-
fatigable Gentillet , et tous lui
répétaient, ainsi que les échos
des bois et des montagnes : *Pense,
pense sans cesse à la bonne et sensible Elusine !*

Le jeune homme jouissait des

bienfaits de la vieille sans l'en aimer davantage , et ne pensait qu'à
la jeune , qui, seule , et sans posséder un pouvoir magique , pouvait le rendre heureux.

Des génies ailés venaient , tous
les jours , donner des bals charmans. Les airs étaient sillonnés
de traits de feux , où l'on voyait
enlacés les noms d'*Elusine* et de
Gentillet , ceux de *Furimane* et de
Joliette; des parfums brûlaient
continuellement par-tout , et les
oiseaux nocturnes y étaient métamorphosés en des rossignols
dont le délicieux ramage char-

mait l'oreille et la nuit et le jour :
es pièces d'eau et les rivières du
parc étaient changées en essences,
en odeurs à la rose, au jasmin,
à l'œillet, à la bergamotte : les
uits les plus exquis descendaient
tout droit dans la bouche des deux
jeunes gens, quand ils se promenaient ; et les fleurs, ou naissaient
sous leurs pas, ou venaient s'at-
tacher d'elles-mêmes à leur côté :
un concert d'oiseaux des champs
les suivait par-tout : les plus
jolis insectes voltigeaient en ba-
taillons devant eux : les lions,

les tigres, les ours, obéissaient à leur voix et venaient leur lecher les pieds : les rochers même s'amollissaient, s'abaissaient devant eux, leur offraient soudain des grottes de verdure, où un ruisseau limpide rafraîchissait l'air, en même-temps qu'il était embaumé par des simples dont l'odeur était des plus suaves ; tout prenait une voix pour leur crier : *Amour à Furimane ! Amour à Elusine !* Mais le dieu d'amour lui-même, qui les suivait invisiblement, leur disait tout bas : *Jeunes gens ! n'aimez que vous et bravez les prestiges de deux vieillards , aussi laids que méchans.*

Ce fut donc en vain que l'enchanteur et sa commère employèrent toutes les ressources de la féerie pour toucher des cœurs qui ne pouvaient être à eux ; ces deux extravagans ne pensaient qu'à cela, n'agissaient que pour en venir à leur but , et , dans leur délire, ils oublièrent même les lois sévères que le Destin leur avait prescrites , ainsi que les époques de l'année où ils devaient les subir.

3.   14

Un jour, Elusine ayant enfermé Gentillet dans son appartement, Furimane ayant également forcé Joliette à se trouver tête-à-tête avec lui dans le sien, au milieu d'un entretien des plus animés, nos deux vieillards étant prêts à perdre toute retenue, quelle fut la suprise de Joliette et de Gentillet de voir tout-à-coup leurs amans surannés changer de forme à leurs yeux !... Leur face s'élargit ; il en sort un grand nez qui se recourbe en bas comme une espèce de corne ; leur corps se rappetisse, tout leur individu se couvre de plumes; ils déploient des ailes de chats-huans et s'envolent chacun par une fenêtre qui s'ouvre d'elle-même pour les laisser passer !

A l'instant la nuit la plus profonde succède au jour ; tout se métamorphose en meubles grossiers ; les rossignols reprennent les formes des vipères, des serpens, etc.; en un mot, tout le charme de la magie disparaît.

Au moment où Joliette et Gentillet, que ce spectacle, dont ils sont témoins pour la première fois, glace d'effroi, vont se réunir

pour se communiquer ce qu'ils
ont vu chacun séparément, Bombard accourt vers eux et leur dit :
Imprudens ! que faisiez-vous là ?
chez nos maîtres ! dans un pareil
moment ! vous serez châtié de
votre témérité : je vais vous plon-
ger dans un sombre cachot, où
vous serez punis d'avoir osé as-
sister à des mystères dont on
voulait vous dérober à jamais la
connaissance !

En vain Joliette se jette aux
genoux de Bombard, en vain
Gentillet le supplie de leur laisser
la liberté, ils se voient entourés

d'une foule d'esprits infernaux qui s'emparent d'eux, les chargent de chaînes et les plongent, chacun séparément, dans un cachot fétide. Qu'ont-ils fait pour mériter un si dur châtiment? Ils ne peuvent s'en rendre compte; mais ce qui les frappe le plus, c'est la métamorphose hideuse qui a réduit leurs protecteurs à la condition des plus vils oiseaux. Jusqu'alors, ils avaient cru que l'enchanteur et sa commère voyageaient pendant trois mois de l'année; rien, en leur absence, n'avait changé aussi visiblement

que cela , jusqu'à présent dans le
château. Joliette et Gentillet n'en
sortaient pas , il est vrai , tout
le temps des prétendus voyages
de leurs parrain et marraine; mais
aussi tout y restait dans le même
état qu'à l'ordinaire. Aujourd'hui,
quelle différence ! Et on punit le
frère et la sœur pour avoir été ,
bien malgré eux , témoins d'un
évènement dont ils ne soupçon-
naient pas la possibilité !

Tous les deux font ces réfle-
xions et pleurent sur leur cruelle
séparation , ils s'écrient : Qui
prendra notre défense ? Qui vien-

dra à notre secours? Qui nous délivrera de cette triste captivité?

Qui, mes enfans? L'Amour; oui, l'Amour lui-même.

Ce petit dieu entend les gémissemens douloureux de deux charmans jeunes gens qu'il protége. Il descend sur un nuage et se promène un moment dans les vastes jardins du château; la nuit y est des plus sombres, une foule d'oiseaux nocturnes ou de proie y voltige d'arbre en arbre; mais rien ne l'arrête. Qui peut arrêter, qui peut effrayer l'Amour!

Il aperçoit, tristement perchés

l'un près de l'autre, sur une branche d'arbre, un hibou et une chouette. Il reconnaît Furimane, Elusine, et leur dit : Pourquoi faire souffrir Joliette et Gentillet d'une initiation à des mystères à laquelle vous les avez contraints vous-mêmes, en les retenant plus de temps qu'il ne le fallait dans votre tête-à-tête ? Si vous avez oublié l'heure fatale de votre métamorphose, est-ce leur faute ? Un peu plus tard, vous abusiez de leur innocence, et vous les punissez de leur trop de vertu ! Rendez-leur la liberté, c'est un

moyen plus sûr de vous en faire
aimer.

Elusine et Furimane sentent
la justesse de ces raisons ; ils
volent d'un trait dans leur appartement ; et comme ils ne veulent
pas mettre Bombard dans leur
confidence , dans la crainte que
ce sévère confident ne les accuse
de faiblesse, ils prennent les clefs
des prisons qui renferment les
objets de leur tendresse , et les
portant dans leurs becs , ils se
dirigent vers les soupiraux des
deux cachots.

Joliette se lamentait ; elle entend le cri lugubre d'un hibou qui paraît être tout près d'elle. La peur la fait se retirer dans un coin du caveau ; l'enchanteur lui dit alors avec sa voix naturelle : Ne crains rien , ma charmante petite filleule ; ramasse vîte cette clef que je vais laisser tomber par le soupirail , c'est celle de ta prison ; tu l'ouvriras et viendras me trouver au premier petit if du carré d'Hécate, sur lequel je vais me percher.

Élusine fait de son côté la même recommandation à Gentillet. Tous deux ouvrent leur prison, en sortent et se rencontrent en sortant du vestibule du château. C'est toi, Joliette ! — C'est toi, Gentillet ! — Eh bien, que dis-tu de ce qui nous arrive? — J'en suis encore tout étourdie ! — Nous voilà en liberté. — En pro-fiterons-nous pour aller retrouver ce vilain hibou? — Cette vilaine chouette ? — Ce sont pourtant nos bienfaiteurs, Gentillet. — Cela est vrai; mais il faut qu'ils aient commis de grands crimes pour avoir été métamorphosés ainsi ! — Quand ce ne serait que de vouloir nous épouser. Des

vieillards qui seraient nos aïeux!
— Sais-tu, Joliette, qu'elle a été
sur le point de me battre, parce
que je refusais sa main. — Et
moi, ne me menaçait-il pas de
me mettre, pendant six mois, au
pain et à l'eau, si je ne voulais
pas devenir son épouse! — Elle
me faisait des yeux!... — J'ai
cru qu'il allait me dévorer!...—
Sauvons-nous, Joliette; laissons
ces méchans oiseaux-là perchés
sur leurs ifs. J'ai trouvé des
clefs qui vont dans toutes les ser-
rures. L'horloge du château vient
de faire entendre minuit; tout le

monde dort; ouvrons cette petite porte qui donne sur les
champs, et recommandons-nous
à la Providence, qui n'abandonne
jamais l'innocent.

Ils sortent en effet et ils se
mettent à courir, à courir, tant
que leurs jambes peuvent les
porter, et quoiqu'ils aient à des-
cendre un chemin taillé à pic dans
le roc; mais l'Amour prenait soin
de le semer, pour eux, de fleurs.
La fatigue les force néanmoins à
s'asseoir quelques momens avant
le lever du soleil, dans une plaine

tout émaillée de marguerites.
Ils n'y sont pas long-temps sans
voir fondre sur eux une chouette
et un gros hibou, qui les piquent
jusqu'au sang. Les voilà, s'écrie
Joliette !

Gentillet, qui éprouve la même
terreur, dit aux deux oiseaux
nocturnes : Que nous reprochez-
vous ? A moi, de ne pas vouloir
épouser une chouette ; à ma sœur,
de refuser un hibou ? Franche-
ment, mettez-vous à notre place,
et dites si nous pouvons former
de pareils nœuds.

Les oiseaux de nuit ne ré-
pondent pas et redoublent leurs
mauvais traitemens.

A l'instant une belle femme,
blanche comme un lys, sort de
terre et dit aux oiseaux : Fuyez,
méchans, retournez dans votre
repaire; allez dire à ceux qui
vous envoient que l'Amour et
moi nous prenons ces amans sous
notre protection. Vous m'en-
tendez, disparaissez.

La chouette et le hibou s'é-
loignent à tire d'aile, en faisant
entendre de longs et lugubres sif-
flemens.

La dame blanche s'adresse alors aux jeunes gens et leur dit : Ce ne sont point Elusine ni Furimane que vous venez de voir ; l'arrêt du destin les empêche de sortir de leur jardin pendant leurs trois mois de métamorphose. S'ils vous ont député deux de leurs camarades, c'est uniquement pour vous effrayer. Quant à moi, je suis la Nature, et je viens vous révéler un mystère, par l'ordre de l'Amour : C'est que vous n'êtes pas frère et sœur ; vous êtes deux enfans ravis à leurs parens et entièrement étrangers l'un à l'autre.

Elusine et Furimane n'ont aucun pouvoir sur vous pendant trois mois ; mais pendant trois mois seulement! encore n'en auront-ils jamais, si vous avez la prudence de ne pas rentrer dans leur château, le seul endroit où il leur soit permis d'exercer l'art de la magie. Profitez du temps et suivez en tout point les conseils de Amour.

La Nature disparaît.

Nos deux jeunes gens sont au comble de la joie! Ils se promettent bien de fuir dans les pays les plus éloignés, et de se marier. Ils se lèvent, dans cette résolution , et reprennent leur route. Après avoir marché toute la journée, ils s'égarent, sur le soir, et ne savent plus où ils sont.

. Une chose que nous avons oublié de dire , et qui les a bien étonnés, c'est qu'en se sauvant du château, à peine en eurent-ils fermé la porte , que les beaux habits d'or et de rubis qu'ils portaient , disparurent soudain et firent place à des vêtemens simples, grossiers, mais assez propres pour les vêtir décemment; ainsi, ils n'avaient plus d'o

d'argent, de perles, ni de diamans, et ils ne savaient comment
vivre dans les campagnes, aussi
isolées que celles qui les environ-
naient. Les voilà égarés avec cela
et sans la plus légère pièce de
monnaie pour payer un gîte, en
cas qu'ils en trouvent un.

Une bonne vieille femme passe
près d'eux, avec une lanterne
à la main. Elle s'arrête ; elle
les examine et leur dit : Que
faites-vous donc là, beaux jeunes
gens ? Ne voyez-vous pas que
nous allons avoir un orage af-

freux, et qu'il tombe déjà des gouttes d'eaux grosses comme mon dez ?

Hélas, bonne dame, lui répond Gentillet, nous sommes égarés et nous ne savons où aller passer la nuit ! — C'est le Ciel qui me fait vous rencontrer ! J'ai besoin de quelqu'un pour garder ma fille, qui est bien malade, et si vous voulez vous occuper des soins qu'exige son état, je vous nourrirai, je vous logerai et je vous donnerai encore quelques petites douceurs par-dessus le marché ; vous n'avez qu'à venir avec moi seulement, vous verrez ! vous verrez !

Gentillet et Joliette acceptent une proposition aussi avanta- tageuse ; ils suivent la bonne dame qui les reçoit avec la plus grande humanité.

Le lendemain, ils voient, dans un lit, sa fille, de l'âge de Joliette, belle comme le jour, mais qui semble minée par une maladie de langueur. Il s'agit de lui donner des soins ; Joliette et Gentillet s'en acquittent de la manière la plus empressée.

Ils racontent naïvement leur aventure à la bonne vieille et sa fille ; la première leur dit e les embrassant : Je suis enchantée de savoir tout cela ; reste seulement un an chez moi , j vous ferai alors des petits ca deaux , un joli trousseau , e vous vous marierez en même temps que ma fille ; car la pauvre enfant , si elle n'était pas malade, elle a un établissement tout prêt. Son prétendu voyage , il reviendra incessamment , et la nôce doit se faire chez ma sœur , qui est bien plus riche que moi , e qui habite une jolie ville à vingt lieues d'ici.

Joliette et Gentillet remercièrent la bonne dame de ses offres obligeantes, et redoublèrent de zèle auprès de la malade, qu'ils chérissaient déjà comme une sœur.

Elle fut long-temps à se rétablir. Enfin, au bout de quatre mois, elle fut en état d'être transportée. Comme elle brûlait du désir d'être mariée, sa mère ne voulut pas la contrarier; il fut convenu que cette tendre mère accompagnerait sa fille chez sa bonne tante; qu'on y conduirait également Joliette,

Gentillet, et que les deux ma-
riages se feraient là en même
temps.

Nos jeunes gens étaient au
comble de la joie, et le jour du
départ ne venait pas assez vîte;
il arriva enfin. L'hôtesse, qui
paraissait assez à son aise, prit
une bonne voiture; on y monta
et l'on partit.

Sur le soir, l'hôtesse et sa fille
tressaillirent de joie en s'écriant:
Nous avons été si vîte, que nous
arriverons bientôt. Voyez-vous
ces tours, ces clochers? c'est à
la porte de cette belle ville que

demeure notre parente ; je l'ai prévenue, elle nous attend. Quelle fête pour elle et pour nous !

Joliette, les bras enlacés autour du col de son amant, partageait la joie de ces bonnes dames , et Gentillet soupirait, dans l'attente du plus grand bonheur qu'il pût désirer.

Cependant, un évènement fâcheux vint suspendre, un moment, leur alégresse à tous. Il s'éleva tout-à-coup un fort brouillard, qui , joint à la plus épaisse nuit, ne permit plus de distinguer les objets. C'était comme une va-

peur fétide qui sortait de la terre
et qui piquait les yeux, en même
temps qu'elle prenait à la gorge.

Heureusement, dit l'hôtesse,
que nous sommes à la porte de
mon amie, et que je reconnais le
chemin qui y conduit. Oui, voilà
sa belle avenue de platanes, sa
grille est au bout. Suivez, cocher,
allez par-là, bien ! dans cinq mi-
nutes nous y serons.

On arrive enfin, on descend
de voiture ; on entre sous une
espèce de voûte ; les portes se
referment derrière les voyageurs,
et Gentillet s'écrie : Me trompai-

je ! grand Dieu ! Nous sommes chez l'enchanteur et la fée !

Nos pauvres enfans ne doutent plus de leur malheur, en voyant paraître Bombard, qui leur dit : Ah ! vous revenez donc, mes beaux prisonniers ; cette fois-ci vous ne vous échapperez plus aussi facilement !

Gentillet et Joliette, fondant en larmes, se retournent vers l'hôtesse, qui se met à éclater de rire. Voilà, dit-elle, ce que produisent l'inexpérience et la sotte confiance de la jeunesse ! Je suis charmée d'avoir suivi les intentions de ma

bonne amie Elusine, mes aimables
amoureux ; je suis aussi une fée,
et tout ce que vous avez vu chez
moi n'est qu'illusion , jusqu'à ma
fille : regardez-là.

Joliette et Gentillet jettent les
yeux sur la prétendue malade,
et ne voient plus qu'un gros vilain singe , qui leur fait une gri-
mace épouvantable.

J'étais, reprend la fée, con-
damnée, comme votre marraine,
à être vipère pendant un certain
temps de l'année ; mais le terme
de ma pénitence expirant le jour
même où vous vous enfuîtes d'ici,

je repris ma forme naturelle, et ma chère Elusine me pria de vous suivre, de vous faire tomber dans quelque piége, de vous ramener ici, c'est ce que j'ai fait; adieu : je vais là haut souper avec mes bons amis, et je m'en retournerai ensuite sur mon singe ; car c'est lui qui me sert ordinairement de monture.

Quel désespoir pour nos jeunes gens de se voir retomber dans les mains de ceux qu'ils détestent! Ils se rappellent les avis qu'on leur a donnés, et se préparent à résister à toutes les persécutions qu'on voudra leur faire éprouver.

On les réinstalle dans leurs divers appartemens, et on leur annonce qu'ils ne se verront plus qu'en présence de leurs protecteurs.

Le lendemain, ils sont interrogés séparément, Joliette par Furimane, et Gentillet par Elusine. L'enchanteur et la fée sont furieux; ils ont la rage dans les yeux et la menace à la bouche. Insensés que vous êtes, s'écrient-ils! puisque vous ne voulez point céder à notre tendresse, vous éprouverez les châtimens les plus rigoureux. Nous n'emploierons point les secours de notre art pour vous faire du mal, puisque cela nous est défendu; mais nous trouverons d'autres moyens, des seuls moyens naturels pour vous tourmenter. Bombard est chargé de votre punition; le voici, qu'il la commence dès aujourd'hui ! Sortez !

Bombard, qui a une force d'Hercule, s'empare de Gentillet et le dépouille de tous ses vêtemens; puis il l'enchaîne dans une grotte humide et froide , au fond d'une allée sombre du jardin.

Une femme de service , aussi barbare que Bombard, plonge Joliette dans une citerne vide, où les insectes les plus dégoûtans viennent piquer ses yeux et sucer son sang.

Tous deux passent la nuit dans cet état.

Elusine et Furimane vont, de grand matin, jouir du spectacle des souffrances de leurs victimes. Quelle est la surprise de ces méchans! La citerne de Joliette s'est changée , dès son entrée , en un

riche appartement où abondent
toutes les aisances de la vie ! La
grotte de Gentillet est un pavillon
de crystal de roche, où poussent
les plantes les plus odorantes
dans des vases de la plus riche
porcelaine !

C'est l'Amour qui a fait ces
changemens.

Quand Elusine et Furimane
ont eu le temps de les examiner,
le pavillon de Gentillet et le bou-
doir de Joliette disparaissent ;
Joliette et Gentillet se trouvent,
à leurs regards, dans les bras l'un
de l'autre.

Qu'on les sépare , s'écrie Fu
rimane !

Bombard et la geolière de Jo
liette les emportent jusqu'au ch'
teau.

L'enchanteur et la fée passen
la journée à chercher quelqu'autr
supplice.

Ils en trouvent un , odieux
effroyable , et qui ne pouvait ve
nir que dans leurs têtes ; c'es
de monter, à l'aide de cordages
(car ils ne peuvent se servir d
moyens surnaturels) Joliette et
Gentillet jusqu'au sommet de
deux énormes platanes , et de

les garotter dans la tête de ces arbres, dont la hauteur est à perte de vue. On les laisse là passer la nuit ; mais comme ils sont en face l'un de l'autre, ils peuvent se parler, et leurs bourreaux leur ont laissé cette facilité dans l'espoir que l'un pour l'autre ils s'encourageront à obéir.

Il tombait une pluie abondante, et l'obscurité la plus profonde régnait par-tout. Ma chère Joliette, dit le jeune homme, as-tu froid ? — Pas du tout. Et toi, Gentillet ? — J'ai bien chaud, au contraire ;

mais il pleut à verse. — Je voi
bien la pluie tomber, et , ce qu'i
y a d'étonnant , c'est que je n
la sens pas. — Ni moi non plus,
elle s'écarte autour de moi. —
J'éprouve le même phénomène
— C'est l'Amour qui nous sou-
tient. — Et qui nous soutiendr
toujours. — Oh, oui ! Joliette
— Gentillet ? — Es-tu d'avis d
céder ? — Jamais Gentillet. —
Joliette , résisteras-tu toujours à
tant de persécutions ? — Jusqu'à
la mort. — Oui, il vaut mieux
mourir. — Ensemble ! — En-

semble ! — Qu'on nous tue donc ! cela voudra mieux que de nous faire ainsi languir ; mais que vois-je !

L'Amour descend sur une blanche colombe ; il leur conseille de ne pas mourir, de ne pas céder au découragement. J'ai vu, ajoute-t-il, bien des amans infortunés comme vous, qui appelaient la mort à grands cris ; je les ai encouragés à prendre patience, et par la suite l'hymen, à ma sollicitation, les a rendus heureux. Attendez, espérez !

Soudain leurs liens se détachent. Ils se trouvent assis côte à côte dans un char de jasmin et de roses ; quatre blanches colombes, attelées à ce char vont les emporter dans les airs.

Mais Furimane ne dormait pas ; il était à sa croisée et jouissait de la position cruelle dans laquelle il avait mis les deux amans. Sitôt qu'il vit le char de roses prêt à les emporter, il agita sa baguette et entra dans une fureur si grande qu'elle lui fit perdre toute prudence. A moi, s'écria-t-il, serpens volans, crapauds ailés, tous les monstres des enfers : volez dans les airs ! Ramenez-moi Joliette, et emparez-vous de ce perfide Amour qui m'a trompé, que je veux charger de chaînes dans mes cachots !

A l'instant, les airs se remplissent de monstres de toute espèce ; mais ces puissances infernales tournent toute leurs fureurs contre celui-là même qui les a conjurées. Le château s'écroule de fond en comble ; un horrible incendie en dévore les jardins.

Elusine et Furimane reprennent,
pour ne plus les quitter, leurs
formes de hibou , de chouette,
et une voix leur crie dans les airs :
Vous avez employé votre art pour
nuire à ces amans ; ainsi vous
avez manqué à la condition que
vous aviez vous-mêmes acceptée !
Le conseil des fées vous retire
votre baguette, et vous rejette
à jamais parmi ces animaux im-
mondes dont vous avez par-
tagé les passions et la méchanceté. Allez !

Pendant ce temps, l'Amour a

ait transporter le couple d'a-
ans dans son palais de Gnide;
l les unit, il les dote, et l'on
'te encore aujourd'hui la ten-
resse constante, ainsi que la
délité conjugale de la charante
ante Joliette et du fidèle Gen-

FIN DU TROISIÈME VOLUME.

3.   18

TABLE
DES CONTES
DE CE VOLUME.

FIN DE LA TABLE.

.

www.ingramcontent.com/pod-product-compliance
Lightning Source LLC
Chambersburg PA
CBHW071934090426
42740CB00011B/1704